大展好書　好書大展
品嘗好書　冠群可期

大展好書　好書大展
品嘗好書　冠群可期

截拳道入門

2

截拳道

腳踢技法

舒建臣　編著

大展出版社有限公司

前言

　　自從香港武術大師李小龍先生創立了截拳道功夫以來，影響巨大，在國際武壇上享有盛譽。近些年來，截拳道在中華大地上也得到了蓬勃發展和廣泛傳播，在廣大青少年中掀起了一股學習截拳道的熱潮。

　　人們不禁要問，中國是中華武術的故鄉，其內涵極為豐富，各門各派，千姿百態，足以讓任何一位有心學武之人眼花繚亂，難作決斷。然而為什麼人們還會對截拳道這種既有中華武術的內涵，又借鑒了諸多西洋拳法的技術特點的功夫門類如此青睞呢？

　　依筆者的多年實踐體驗，截拳道歸根結底還是從中國武術這棵大樹上衍生的一株新枝，但它又不同於中國傳統武術，它在許多方面已經跳出了傳統武術的規範與限定，體現出時代的進步。從截拳道的學習和認識中，人們依舊可以充分了解武術的基本理念，而且從運動訓練中不僅獲得實戰搏擊的能力，還使自己的身心同時得到更好的鍛鍊，從實際效果上看，在諸多武技流派中是出類拔萃的。

　　截拳道不僅僅教會人們在健身或者搏擊中一招半式的技巧，還強調在學習中追求肉體鍛鍊的極限，同

時進入更加深層次的心靈的探求，使自己在肉體和精神上都得到一個極大的昇華，從而使這門拳技成爲自己生活中一種藝術的拳道。反過來看，當人們在學習中感受到自己從未感受過的許多新知之後，從內心深處迸發出來的熱情又會將種種武技全面地融入到社會生活發展的軌跡中。

今天看來，截拳道早已不只是人們茶餘飯後談論的話題，也不只是從宣傳片中體現對偶像崇拜的衝動，它早已成爲大批練習者日常生活中的重要內容，並逐步地提高著他們的道德、情趣和生活理想的修養。截拳道教會了人們更深入一步地洞察武術的邏輯性，並引導人們站在中外武術文化的基礎之上去充分發揮截拳道所展現的創新思維。

實事求是地講，截拳道是它的創始人和繼承者們交給這個世界的一個嶄新的、理性的、科學的武術體系。儘管，探索武術的眞理常常會遇到許多意想不到的困難，創立一種新的武術體系更非易事，它不僅需要昂揚的激情、創新的勇氣、良好的悟性，還需要科學的態度、求實的精神和嚴謹縝密的思考，而這些，截拳道和它的追求者們基本上做到了。

由於諸多原因，截拳道的資料保留得並不完整，一些人在學習中常常會遇到一些困難，由此，筆者才有了整理出一套比較系統又讓人易於理解的叢書的計劃。經過幾年的努力，產生了《截拳道入門叢書》。這套叢書共六本：《截拳道手擊技法》《截拳道腳踢

技法》《截拳道擒跌技法》《截拳道攻防技法》《截拳道連環技法》《截拳道功夫匯宗》。在這套叢書中，筆者試圖從不同的角度，以理論和實戰技法相結合的方式，把截拳道最基本的理念、技法和攻防招式逐一介紹給大家。考慮到不同層次學習者的需求，在這套書中，筆者盡量以通俗易懂的語言進行描述，以較多的圖片直觀地表現各種技術動作的特點，力求使之達到一個最好的效果。當然，這只是筆者的一個好的願望，因爲，無論是學習截拳道還是其他的武術流派，最主要的還是要靠學習者在訓練中的切身感悟，一部入門叢書，無論如何僅僅是引導您入門的一個輔助工具，而不是全部。

　　由於截拳道內容非常寬泛，尤其是其技法技巧變化萬千，無法在一部書中得到充分的展現，加之筆者的認識也有待不斷的深化，不斷的提升，所以在本書中難免有諸多的疏漏和不足之處。在此誠懇地希望所有讀到本書的同道提出批評和建議，以期共同提升。

　　本套叢書得以付梓出版，筆者衷心地感謝多年來一直給予關注和支持的親友，以及爲此付出了辛勤勞動的所有的人。

作　者
於深圳

截拳道 **脚踢** 技法

目錄

第一章

截拳道腳踢技法概述

　　截拳道腳踢技法汲取了中國武術的北派腿法與海外武技流派的踢法，形成了有自己特點的腳踢技法。

　　習武者的每一動作姿勢，其根基表現在腳，發於腿，主宰於腰，行之於手指，遂能順機得勢。運用腳的踢法攻擊或消解對手的攻擊有很多優點。首先，腿比手有力得多，而且容易躲避。它可以充分運用腳尖、腳掌、腳跟、腳內側、腳外側，小腿內側與小腿外側實施攻擊，可以對人體上、中、下三段部位的目標實施攻擊。

　　上段可以踢打頭、頸，中段可以踢打腹、腰、襠部，下段可以踢打膝蓋及小腿。

　　另外，腿比手長，它常常擔任攻擊的第一波。一般情況下，它先於手的攻擊。對手想要阻截踢打是比較困難的，特別是在踢法面前對自身小腿、膝部及腹部的防守都是很不容易的。

　　腿腳的踢打不容易被對手察覺，這是因為腿離眼睛較遠，動作比較隱蔽。這裡主要講的是如何用腿腳進行踢打，但在實戰中並不僅僅用腿腳踢打，踢擊時也應注意手

法或其他技術的配合。

截拳道的腳踢技法實際上把腿與腳的功夫發揮得淋漓盡致，並在武術中形成自己的風格與特點，用腳與腿踢打的方法有數種。它的訓練方法與其他武技的訓練方式有較為相近的地方，練習者在實踐中可採取多種訓練技巧來訓練腿與腳的功夫。

第一節　腿腳踢擊法

用腿腳踢擊有三種形式：上段踢、中段踢、下段踢。採用何種踢法應預先知道該類踢法是屬於上段踢或中段踢還是下段踢（包括地趟腿踢法）。其次要注意踢打的姿勢、動作的幅度和腳的移位變化。

踢打方法有：上踢、下踢、內掃踢、掃踢、正前踢、後踢。

踢腿時使用部位：腳跟、腳前掌、腳尖、腳面、腳內側、腳外側。

基本腳踢技法包括：前踢、劈踢、側踢、勾踢、掃踢、旋踢、軋腳、踹踩等。根據踢擊角度又有不同的踢打形式。

連環腿是建立在基本踢法之上而形成的熟練招數。

本書展示的腳踢技法基本規則與要求為：

● 訓練中保持沉著、冷靜；

● 隨時調整腿踢高度；

- 起腳動作快速、簡捷；
- 與基本的技法、技巧協調配合；
- 攻擊目標要快速直接；
- 起腳攻擊位置準確；
- 恢復姿勢順暢。

　　以腿腳踢打時，不論是訓練還是實戰攻擊，都應迅速恢復原來的警戒樁式進行防禦。在保持準確的基本樁式姿勢基礎上，接著練習高姿勢、低姿勢、地趟姿勢等不同形式的踢打技巧，提高踢打勁力和速度的能力。

第二節　下肢訓練技術原則

　　腳踢技法訓練，實際上就是身體的下肢訓練。搏擊時技術技巧的發揮靈活與否均在於腿、腳和步法，腳踢法的平衡或重心控制也在於腿、腳和步法。下肢的運用，要與上肢相配合，動轉相隨。

　　腳踢主要指由腳到小腿，包括膝關節、膝以下至踝關節以上的脛骨和腓骨在內。運用這些部位踢打就是腳踢法（或腿法）。

　　在運用踢擊技法中還要考慮內勁的配合。搏擊的每一個動作都有它的動作意向，要把動作意向有效地體現出來，內勁必須與動作一起運動，而搏擊的動作也應隨著內心意識的活動來運動。這就是武術中的心動形隨的體現。如果內氣勁力不足，踢打也難以剛猛快捷。

截拳道腳踢技法的下肢運用的基本要求：

1.腳

腳包括腳趾、腳掌、腳踵三部分。

在截拳道運動中，腳不僅僅決定踢打技術水準的高低，同時又是步型、步法運轉靈活與否的基本條件。踢法的穩定在於步型，技術運用的靈活在於步法。

步型是指運用某一動作定勢時兩腳形成的尺寸、位置、方向和角度。例如，在側踢中，腳型的移動變化，由警戒樁式，前腳預備踢出，後腳腳跟落地，同時兩腳所站立的角度、位置均發生變化。

2.膝

膝關節是人體所有關節中負荷量最大、活動量較強的關節，故其常常決定著技術發揮的成敗。

在截拳道運動中，膝關節具有獨特的膝攻擊技巧，同時在進退、起落、竄跳、飛腳中起決定性作用。

截拳道下肢訓練中對膝部的要求為：

● 警戒樁式時微屈膝，做好準備動作；

● 初習時膝部放鬆，有利於氣血順暢；

● 放鬆的同時，雖然膝部姿勢呈樁式敞開狀，但應注意內扣；

● 做動作時應連貫流暢；

● 在進攻或防守的瞬間，膝蓋與關節猛然凝力，以增強膝部的抗阻力；

● 可以屈膝變換新位置，以破壞對手的攻擊意圖。

3.髖

髖關節（或胯）在運動中一般表現為撐髖、展髖、縮髖、合髖、鬆髖等。

【撐髖】：

是在踢或打中的配合動作，有利於動作技術的快速、順暢完成，又增加了踢打的慣性和勁力。

【展髖】：

一般是指在高位踢法的要求中，充分放開髖關節，使踢法發出達到極限水準的威力。例如，高位掃踢就是需要放髖、展髖以完成動作。

【縮髖】：

是經過訓練階段，已達到力與氣的貫通時，髖關節在內心控制中把胯骨、肌肉、筋腱稍微內收縮，以促進踢或打的勁力，使臀部肌腱相交，氣力合一。

【合髖】：

是在警戒樁式中練習蓄氣儲勁，是使拳勁合一、穩固下肢的訓練法。練習合髖，可使胯骨與尾骨得以收斂，形成聚合的勁力，也就是拳樁意欲爆發的整勁，訓練達到合髖斂臀以凝聚氣力的時候，即可以配合動作運用。

合髖主要是蓄勁，在拳術中正體現了合而必分，分而必合的道理。

在意欲發放勁力發動攻擊之前，首先要以樁式蓄氣儲力，在發放勁力的瞬間，爆發出全身的剛猛脆烈的力量。

尤其是高水準選手在運用直拳連擊或近身寸拳，以及移位側踢時，都能利用合髖的勁力。

【鬆髖】：

是練習者在初習截拳道時，為了使姿勢正確，氣血貫通下肢，應有意識地將髖關節放鬆。因為此時初習截拳道無法體會鬆髖以外的合髖斂勁的練習法。一上來就練習合髖，迫使髖關節過分緊張地收縮交合，反而達不到訓練效果，對氣血的下行貫通亦有不利的影響。因而在訓練的初級階段，應適當放鬆髖關節，以利於恥骨與坐骨的結節增大間隙，逐步擴大髖關節的活動範圍。

髖關節的放鬆不是隨意的鬆散動作，而應在截拳道規矩要求的範圍內放鬆，否則，隨意且無限度的放鬆動作會使樁式飄浮無力，造成下肢不穩固的後果。

正確的鬆髖，應是在樁式標準姿勢中進行，使髖與襠部自然、舒適，馬步穩固為度，培養下肢對上體的支撐能力，掌握馬步對身體重心的控制，做到樁式柔中帶剛，剛中帶柔。

總的來說，下肢訓練的基本要求都是為腳踢打基礎。還應注意在腳踢時對腰部及上肢的要求。腰對踢法甚至全身都起到主宰勁力與穩固身體重心的關鍵性作用。腰部運動是身體的力與勁的源頭。

截拳道對腰部運動的要求是合腰。合腰是對氣與力的深沉內含，可以減少中焦胃部的氣、力，以意識控制重心下移至下肢，形成牢固的馬步。挺腰即是對合腰蓄勁的發放，使腰部的挺拔擰轉透於肢體，發於四肢。

挺腰並不是外形上把腰挺直，其姿勢只要保持人體自然形體狀態即可，切不可故意挺直腰背，這將影響技法運用時的進退、起落、擰轉、跳竄的靈活性。腰部的擰轉對增大全身上下連貫勁有特殊效果。

4.虛 實

腳踢法除對身體下肢有特別要求外，還應注意腳的運用。訓練有素的運動員在腳踢時，身體會自然協調地運動。腳的運用，重在虛實和陰陽。

由警戒椿式始，前腳為虛，後腳則實。如果是警戒椿式移位變化，那麼，在移動身體的瞬間，前腳為實，後腳則虛。虛則為陰，實則為陽，陰中有陽，陽中帶陰。陽者為支撐腳，陰者為攻擊腳，有攻有守，有進有退，攻不遲疑，守不露式。

第二章

截拳道腳踢技法基本素質

截拳道追求精神和肉體的自由修練，方法只求心悟。真正的技擊者將自我全部投入武術中，以平常的磨練發掘自我的潛力，達到渾然忘我境界。

反覆不斷的練習固然重要，但還有賴於精神的統合，進而使訓練與實戰搏擊的效果達到和諧、完善。所以，截拳道的實戰搏擊是具有雙重性的，它不僅要求肉體得到充分鍛鍊，更需要精神上的修練。

第一節　精　神

精神上的修練會使練習者終生受益。它可以造就一個運動員的良好個性，並且在截拳道的各個訓練階段，都能夠給練習者帶來創造性和想像力。精神的修練可以培養運動員的競爭意識和合作精神，果斷和勇敢的意志品質，從容地應付實戰搏擊的激烈搏殺。

由精神的調節控制，可以提高練習者的技術能力、戰

術能力和身體能力，並且可以長期、系統地融合到訓練中。精神的修練與其他技術訓練一樣，必須持之以恆，不能等到運用時才去做，如果這樣，其作用是非常有限的。

一、呼　吸

普通的呼吸方式就是肺式呼吸法。由於所吸入的空氣在人體內部循行的距離較短，只限出入於肺與口、鼻之間，因此吸入的氧氣，與內臟器官發生化合作用的機會較少，不能把吸入的氧氣加以充分利用，結果又把部分吸入的氧氣復經口、鼻排出。因此，為適應技術訓練的需要，必須改善呼吸的方法，把肺式呼吸改為腹式呼吸。

採用腹式呼吸法，使吸入體內的空氣運行距離更長，與內臟器官產生化合作用，將吸入的氧氣充分運用，以椿式用意念導引至腹部丹田之中。結合身體姿勢的運動，氣進入丹田之後，稍停留片刻，可以大大增加氧氣與內臟器官的化合機會，補充體能的消耗。

訓練與實戰搏擊都要求呼吸協調合順。外順則內合。訓練中應安排合理、適度，練習中當吸氣則吸氣、當呼氣則呼氣，並與技術動作互相配合。

實戰搏擊時的呼吸運用，在進攻或退守以及未進入有效攻擊距離時，主要以自然、均勻的深長呼吸為主，順著警戒椿式移步姿勢，恢復或回復自身氣息以達平衡。

運用技術招式攻擊時，應當吐氣助招。發動攻擊時，應在最短的時間內調解胸腹濁氣，以出氣助勁，使動作與

呼吸節奏協調配合，促進技術招式的運作快捷、順暢、自然。

　　若與對手貼身糾纏時，呼吸應以深長的方式進行。也可在間斷時發力攻擊，也就是說，用短促呼吸的方式配合動作的運動。

二、想　像

　　截拳道運動在進行訓練或實戰搏擊時，如果需要回憶自己平日的訓練技術，那麼，系統完整的想像是非常有益處的。

　　想像能使自己全部注意力集中到對抗中去，還可以克服直覺和情緒上存在的障礙，消除頭腦中各種紛擾和自我懷疑的心理，增強自信心，消除緊張、恐懼對身體的束縛。若經常在訓練中回憶先前的經驗和教訓，尤其是遭遇過的失敗，在情緒上將產生一種過低的自我評價，而使自己缺乏信心，使大腦中一直遺留著怕失敗的焦慮不安。

　　此時，透過想像，可以使運動中缺乏的信心重新恢復，讓自己從緊張與焦躁的束縛中解脫出來，緩和緊張的精神，從而使技術動作發揮最佳效果。

三、放　鬆

　　放鬆首先是精神上的放鬆，其次是肉體上的放鬆。當精神放鬆時，人的肉體也就自然放鬆了。但是，在這種放

鬆狀態下，大腦的意識卻一直是清醒的。

緩和精神的緊張，會使身體動作發揮最大功效。在練習中，每個人都要學會緩和自身的緊張感，這不僅僅是心智上的，而且也是肌肉上的。

事實上，肌肉在一般情況下或多或少都會處於緊張的狀態，這就要看如何以最好的緩和方法來保持最佳的姿勢，進行實戰搏擊。

四、超 越

超越是對武術頓悟的返璞歸真。是克服多種複雜情況的直觀之心以外的狀態。這時，已沒有任何偏見束縛，因為已窺得事物深奧之處，已到了自由無羈的心境，完全拋開了執著、偏見、束縛。

第二節 訓練適應

從事截拳道訓練，可以消除中樞神經系統的紊亂，改善內臟器官功能，提高情趣，增強體質。

一、運動系統

運動系統由骨、骨連結及肌肉組成，在神經系統的調節下，對人體起著運動、保護和支持作用。在長期訓練的

影響下，人體運動系統產生了系列的積極性適應，也表現在骨、骨連結及肌肉的提高和增強上。

透過訓練，促進了骨骼長度的增加、橫切面增粗，骨密質增厚，因而使骨骼組織在運動中具有穩定性，骨骼也具有良好的彈性。應該注意的是，如停止訓練一段時間，骨骼的質量將隨之下降。訓練使肌腱或韌帶強度提高到最大抗張力和承受力。鍛鍊與訓練使肌肉纖維內部組織發生了一系列生物化學變化。產生的變化與所從事的專業訓練運動項目有直接關係。

耐力訓練可以使肌肉中的肌紅蛋白含量增高，線粒體數量增多，線粒體中氧化酶活性也得到提高。速度訓練後的肌肉生化效果表現為無氧代謝能力增強，肌肉加大，肌肉的靈活性提高。

二、神經系統

訓練對中樞神經系統有很好的影響，不過，這些影響有項目的差異性。長期訓練對前庭器官的穩定性、運動感覺、立體視覺性能都有明顯的提高。

人體內部器官組織在訓練中逐步適應下來，這種逐漸的調節作用是靠神經系統來控制的。中樞神經系統是腦和脊髓部分，周圍的神經是腦神經、脊神經、植物神經等部分。

三、呼吸系統

訓練中機體的新陳代謝過程，是經常不斷地攝取氧氣，並排出二氧化碳，這種機體與環境之間的氣體交換形成了呼吸。呼吸系統由呼吸道和肺部組成，前者是傳送氣體的管道，後者是進行氣體交換的器官，均為呼吸系統的重要組成部分。

呼吸系統的鍛鍊，對肺通氣功能、橫膈活動度、呼吸頻率以及呼出氣的成分、能量的消耗都有較大改進。

四、循環系統

循環系統由心臟及一套密閉的複雜的管道組合而成。練功對循環系統的影響是明顯的。訓練中運動員在意識控制下，血壓會立刻升高，下降時則較緩慢。血壓升高時，全身肌肉仍處於放鬆狀態。

經過長期訓練，機體各有關器官對這種訓練產生了生理性適應，在承受一定負荷時，也呈現了適應性特徵。

第三章

截拳道腳踢技法基礎訓練

截拳道腳踢技法是以基本功夫訓練已較紮實，進而在此基礎上發展創新。

要想使腳踢法應用靈活，必須從多方面努力訓練，持之以恆苦練，使腿腳肌肉堅實、筋骨硬朗。腿法訓練要循序漸進，逐日增加訓練難度，不可操之過急。否則容易出現韌帶拉傷、關節扭傷等問題，恢復往往又較慢。

第一節　截拳道的柔韌性訓練

截拳道的研究證明，有些訓練對練習者有益，但有些卻會妨礙其動作技術的完成。因為有益的訓練是不會使肌肉引起對抗性緊張狀態的。一個動作協調、正常的運動員，能夠輕鬆地完成一些動作。在動作中，其肌肉、肌腱一般不會或很少引起對抗性的緊張。

初習拳者在訓練中往往過於緊張和用力，這就會造成許多無效的鍛鍊。雖然一些運動員比其他人的協調性更

高，但仍然必須經過嚴格的訓練才能獲得較好的柔韌性。

腳踢技法的運用範圍大，進攻距離遠，但也是較難掌握的。腿部柔韌性的好壞直接關係到腳踢技法的施用。腿部各關節、筋肉不鬆不活，就難以發揮出快速、靈活的腳踢法。進行柔韌性訓練時，應根據情況選擇合適的訓練器具創造有利的訓練條件。

柔韌性訓練分為壓腿、扳腿、劈腿、吊腿、控腿、踢腿六大部分，每部分都有不同的練習內容，根據練習者的不同情況而綜合訓練，逐漸提高。

柔韌性訓練根據姿勢又可以分為靜力性練習和動力性練習兩種情況。靜力性練習包括壓腿、扳腿、劈腿、吊腿、控腿等，動力性練習是指踢腿部分。

一、壓　腿

壓腿分為正壓、側壓、斜壓、反壓四種，用以適應腳踢技法的各種施展角度。

1.正壓腿

【動作】

選擇高度合適的橫木或窗臺均可，距離以腳的站立姿勢合適為宜。練習時，右腳抬起，腳跟落在器械上，腳尖上翹，膝部挺直，高度與腹部齊，踝關節屈緊，腳尖向正前方，兩手扶按膝部，頭與支撐腳成垂直線，兩臂屈肘，上身向前俯壓；稍停，上身收回直起，再接著前俯下壓；

右腿經過數次俯身按壓後，換左腿練習（以後的練習均為兩腿交換練習）。練習時逐漸用力按壓俯身，不可急於求成（圖1～圖3）。

圖 1

圖 2

圖 3

【說明】

正壓腿的要求應是挺胸、挺膝、直背、坐髖，腳勾緊。俯壓次數與時間可以根據自身情況決定。壓腿高度不能超過胸部。

這個練習可以充分鍛鍊肱二頭肌、半腱肌、半膜肌、半膜肌肌腱、小腿三頭肌肌腱，加強肌腱伸展機能，同時也可以鍛鍊膝關節內外側的韌帶，促進韌帶的堅韌。

2.側壓腿

【動作】

以身體右側正對器械，保持合適距離站立，然後右腿抬起，腳跟置於器械上，腳尖翹起，膝部挺直，高度與腹部齊；左腿支撐站立，膝部挺直，踝關節屈緊，腳內側面對訓練器械；右手屈肘按右腿，左手叉腰；上身向右側彎曲下壓；稍停，上身回復原式直起，再做側壓動作（圖4、圖5）。

【說明】

做動作時要求挺胸、挺膝、直背、展髖，身體上段側屈。這個練習可以充分鍛鍊髂股韌帶、腹股溝韌帶、股闊筋膜和梨狀肌、長收肌。

正壓腿時鍛鍊了肌腱和韌帶，而在身體側屈壓時又鍛鍊了腹外斜肌、腰肌及腰背部的筋膜。

圖 4　　　　　　　　　圖 5

3.斜壓腿

【動作】

斜壓腿引用了傳統武術的訓練方式。身體右後方斜對訓練器械，後腿抬起，向後伸直，腳部內側落在器械上，使腿內側向下；膝部挺直，腳尖繃緊，踝關節屈緊，腿高與腹齊；左腿支撐站立，膝

圖 6

部挺直，腳後跟斜向器械，兩手叉腰，上身向右後方斜彎下去，使小腹和上身後屈時向前挺（圖6）。

【說明】

開始做斜壓動作時，腿的放置位置可以低些，隨著練習的進步，逐漸增加高度與難度。斜壓腿練習可以充分鍛鍊恥骨肌、長收肌、股薄肌、股內肌、縫匠肌及股直肌的伸展，伸長，同時也鍛鍊了小腿橫韌帶、十字韌帶的韌性，促進了髖關節囊、髂股韌帶、股圓韌帶的潤滑和彈性，使髖關節更加靈活、伸展。

4.反壓腿

【動作】

反壓腿動作可與助手配合，並借助器械進行訓練。面對牆壁站立，兩手扶住牆壁，上身稍前俯，右腿反抬起，向身後伸展，助手雙手握住，或落於器械上；膝和腳尖伸直，踝關節鬆展，左腿支撐站立，膝部挺直，腳尖正對助手或器械；助手可將反抬右腿抬起上舉。可以根據自身情況設置合適高度；稍停，回復原式，再慢慢向上抬舉（圖7、圖8）。

【說明】

反壓腿在舉腿時應抬頭、挺胸，使腰向後彎曲，身

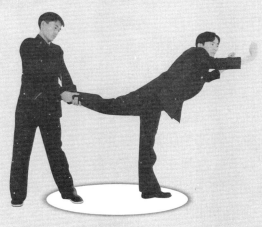

圖 7

圖 8

正肩平，眼向上看。反壓時應注意支撐腿腳跟不能抬起，舉起的腿也不能屈膝。反壓腿練習可以充分鍛鍊髖關節向後擰轉的靈活性，促進小腿與大腿的股四頭肌、股直肌、縫匠肌、髂腰肌，腹股溝韌帶的伸展，加長了筋膜。

5.高壓腿

高位壓腿是對有基礎的練習者提高壓腿的難度而加設的。高位壓腿練習一般有正面壓和側面壓兩種，按髖部配合狀態又分為收髖和放髖兩種形式。

練習中與其他壓腿一樣，兩腿須輪換鍛鍊。高位壓腿沒有俯身壓和屈伸動作，只是把腿高抬起，置於器械上停止不動，類似於「耗腿」。高位壓腿可以視一個人運動負荷量大小，決定練習時間。

圖 9 圖 10

（1）正面高位壓腿

【動作】

面對器械或牆壁站立，將右腿抬起，從面前舉向頭頂，腳跟靠在器械或牆壁上，腳尖繃直，膝部挺直；兩手式抱住腿部；左腿支撐站立，膝部挺直，腳尖正對器械或牆壁，上身向右腿部緊貼靠攏。

腳的高度如超過頭頂，屬於放髖式高位壓腿。腳的高度如未超過頭頂，腳尖不是繃直，而是上翹，則屬於收髖式高位壓腿（圖9、圖10）。

【說明】

高位壓腿可以進一步鍛鍊腿部肌腱及韌帶的潤滑及靈活性，增強髖關節的伸展度。

（2）側面高位壓腿

【動作】

身體右側面對器械或牆壁站立；右腿抬起，從體側向上舉過頭頂，使腳跟靠置於器械或牆壁上，腳尖上翹，膝部挺直；右手垂於體側，左手上抬握住右腳；左腿支撐站立，膝部挺直，腳內側面向器械或牆壁，腳尖稍外展，上身以右肩部靠緊。這屬於放髖式的側面高位壓腿（圖11）。

圖 11

【說明】

收髖式的高位壓腿，只是在姿勢上使胯骨下縮，腳不超過頭，腳尖貼近耳部就可以了。

二、扳　腿

1.正低扳腿

【動作】

正低扳腿類似於傳統武術訓練法。兩腳併步站立，右腿屈膝稍蹲下，左腳前伸於身體前方，膝部挺直，腳尖上翹，腳跟觸地；上身向前俯壓，右手握住左腳內側，左手握住左腳外側，眼看左腳；接著兩臂屈肘，抓握腳稍用力

圖 12

圖 13

後拉，上身盡力前俯下壓，盡量使頭部觸至腳尖；稍停，上身收回，接著再重複做；兩腿交換練習（圖 12、圖 13）。

【說明】

正低扳腿要注意挺胸、挺膝、塌腰、坐髖，嘴盡量觸及腳尖。此練習可以充分鍛鍊小腿後部腓腸肌、比目魚肌以及腳跟肌腱的伸長性，同時又能促進小腿脛骨前肌以及肌腱收縮性，提高腿部的肌肉力量與彈性。

2.正扳腿

【動作】

左腿支撐站立，膝部挺直，右腿屈膝，在身前抬起；左手握住右腳，掌心與腳掌相合，右手附於左腿右部，右腿向前方慢慢伸直，使膝部挺直；眼看前腳。稍停，動作收回，再接著換另一腿練習（圖 14、圖 15）。

圖 14　　　　　　　　　　圖 15

【說明】

正扳腿時注意挺胸、挺膝、直背收髖，可以充分鍛鍊腿部肌腱、韌帶，並且能同時鍛鍊前庭器官機能。

3.側扳腿

【動作】

左腳支撐站立，膝部挺直，右腿屈膝，在身前抬起；左手從裡側托住右腳跟部，左手握拳上舉；右手將右腿從體前側上舉起蹬直，腳尖繃直，踝關節屈緊。稍停，回復動作，再換另一腿做（圖 16、圖 17）。

【說明】

做側扳腿時，應注意舉腿盡量往一側耳朵處貼近，挺胸、直背、放髖，支撐腿穩固。

扳腿訓練法一般應在經過壓腿訓練並有明顯進步後方可進行。它是對腿部、髖關節進一步的柔韌練習。

圖 16　　　　　　　　　　　　　圖 17

三、劈　腿

1.豎劈腿

【動作】

左腿屈膝下落，向體後伸直，兩手在身體兩側扶地，右腿於體前伸直，兩腿前後分開著地，前腿後側貼地，腳尖上翹，後腿前側著地，腳尖繃直，踝關節屈緊，上身正對向前，兩臂伸直或以一手壓於前腿上。稍停，回復正常姿勢。兩腿交換做（圖18、圖19）。

【說明】

做豎劈腿時，初習者應注意用力不要過分，而應慢慢

圖 18

圖 19

分開兩腿。無論兩腿是否接觸地面，都應伸直，以預防劈腿變形。劈腿的練習可以非常有效地鍛鍊髖關節前後屈展的柔韌性。

2.橫劈腿

【動作】

　　兩腿平行屈膝下落，兩手在體前扶地；兩腿慢慢分開，向體側左右劈開著地伸直，都以腿內側或後部貼地；稍停，兩腿屈膝收回。重複練習（圖20、圖21）。

第三章　截拳道腳踢技法基礎訓練

圖 20

圖 21

【說明】

做橫劈腿時一定注意不可急於求成，應以循序漸進為原則。此種練習可以非常有效地鍛鍊髖關節處的韌帶與筋膜的極度柔韌性，進一步擴展髖關節外展幅度的能力。

3.跳劈腿

跳劈腿動作與地面動作類似，不同只是在跳起後兩腳分開落地成劈腿動作。圖略。

跳劈動作訓練應注意姿勢正確，預防踝關節及其他脆弱部位受到損傷。

四、吊　腿

1. 正吊腿

【動作】

用一個滑輪固定繩套，保持適當距離站立，將右腳用繩套吊起，腳尖翹直，踝關節屈緊，膝部挺直，吊起高度可以根據自身條件而定。左腿支撐站立，膝部挺

圖 22

直，腳尖向前，右手握拳，左手拉繩，眼看右前腳，右腿盡量抬高。稍停，回復動作，換另一腿接著做（圖 22）。

【說明】

做正吊腿時，應注意挺胸、挺膝、直背、坐髖、腳屈緊。這個練習借助吊的力量，使腿部柔韌性得到充分鍛鍊，並且為上段高位踢法做準備。

2. 側吊腿

【動作】

用一個滑輪固定繩套，保持適當距離站立。將右腳用繩套吊起，腿部內側向下，成側踢動作。腳尖翹直，踝關節屈緊，膝部挺直。吊起高度可以根據自身條件而定。左腿支撐站立，腳尖稍外展，膝部挺直；右手握拳，左手拉

繩，眼看右前腳，右腿盡力抬高。稍停，回復動作，換另一腿練習（圖23）。

【說明】

做側吊腿時，應注意使腰部側彎，膝關節挺直，展髖，腳屈緊，這個練習可以進一步鍛鍊髖關節的外展及腿部的柔韌性。

圖 23

3.後吊腿

【動作】

用一個滑輪固定繩套，保持適當距離站立。將右腳用繩套吊起，成後壓腿形狀。腳尖繃直，踝關節屈緊，膝部挺直，腳背向下，兩手握繩，眼向上看，腰後彎，挺胸抬頭（圖24）。

【說明】

做後吊腿時，初習

圖 24

38

者可以一手抓握繩，一手握扶器械，幫助穩固身體。後吊腿可以鍛鍊髖關節向後反轉的伸展與靈活性。

五、控　腿

1.前控腿

【動作】

併步站立，左手可扶物，右手叉腰，右腿屈膝在身前提起，腳尖繃直；右腿慢慢向前平伸控住；稍停，右腿慢慢屈膝回收；右腳落地併步。接著換左腿練習（圖25～圖27）。

圖 25

圖 26

圖 27

【說明】

　　做前控腿時，應注意挺胸、直背、塌腰、身正、肩平，以此鍛鍊腿部前部肌腱的收縮機能和控制能力，為踢法奠定基礎。

2.側控腿

【動作】

　　併步站立，左手可扶物，右手叉腰；右腿髖關節外展，屈膝在體側慢慢提起，腳尖繃直，右腿繼續控制住向右側平伸；稍停，右腿屈膝回收落地。接著換左腿練習（圖28、圖29）。

【說明】

　　做側控腿時，應注意身體姿勢不可偏斜，上身端正，髖部盡力外展。這個動作可以練習腿側向的控制能力。

圖 28　　　　　　　　　　　圖 29

3.後斜控腿

【動作】

併步站立，左手可以扶左側的物體，右手叉腰；右腿髖關節外展，屈膝在體側慢慢提起，腳尖繃直，然後慢慢向右後斜方平伸控住，腿部內側向下；稍停，右腿慢慢屈膝回收。接著換左腿練習（圖30）。

圖 30

【說明】

做後斜腿的控制時，應注意保持身體端正。控腿的高度是不容易增加的。它鍛鍊了腿部肌肉的外展、伸張與控制能力。

4.高控腿

高控腿即高位控制腿的能力。它是從前、側控腿的進步中再提高一步，並要求達到個人的極限水平。其動作要求與前、側控腿相同。

後斜控腿雖然可以使高度提升一些，但由於它受到股骨和髖骨的生理影響，在身體站立時較難達到最高點。

控腿訓練可以鍛鍊腿部肌肉及髖關節收縮、伸展、柔韌、外張的能力，為日後的踢法打好基礎。

六、踢　腿

1. 提　膝

(1)前提膝

【動作】

　　併步站立，兩腳略開，與肩同寬，重心移至左腳，盡量高提右腿膝部，接著下落右腳，重心移至右腳後提起左膝（圖31～圖33）。

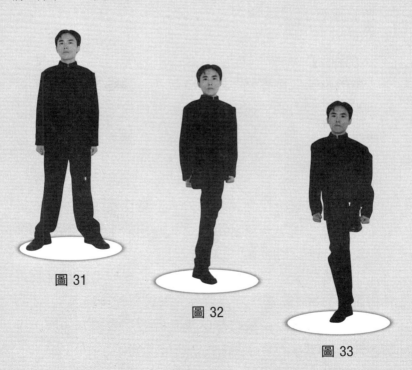

圖 31

圖 32

圖 33

【說明】

做前提膝練習時，應注意身正、肩平、兩手握舉上抬，提膝動作盡量貼近胸部，動作自如、輕鬆做完。這種練習為踢腿的準備運動，可以促進踢法的靈活和順暢。

(2) 側提膝

【動作】

併步站立，兩腳略開，與肩同寬，身體重心移向右腳，盡量高提膝向體左側，接著下落左腳，重心移至左腳後提起右膝向身體右側（圖34～圖36）。

圖 34

圖 35

圖 36

【說明】

訓練中兩腿交替練習。注意身體重心與提膝的協調，兩手握拳上抬。

2. 前 踢

【動作】

併步站立，兩手握拳屈肘，身體放鬆，保持平衡；左腳向前、向上踢起，膝部挺直，腳尖勾緊；左腳落下右腳踢起，借腿踢的回彈之力，再次踢起，兩腿連續前踢（圖37～圖 39）。

圖 37

圖 38

圖 39

【說明】

前踢時，注意頭正，肩平，胸挺，背拔，髖收，腿直，勾緊腳。

3.側 踢

【動作】

併步站立，兩手握拳屈肘，身體放鬆，保持平衡，右腳向前、向耳側踢起，膝部挺直，腳尖勾緊；右腳落下左腿踢起。兩腿連續側踢（圖40～圖42）。

圖 40

圖 41

圖 42

【說明】

側踢時，注意腳的站立是由併步姿勢變換為兩腳成丁字狀，然後踢腿，並做到頭正，肩平，胸挺，展髖，且注意支撐腿的腳跟不能離地。

4.外 擺

【動作】

併步站立，兩手握拳屈肘，身體放鬆，保持平衡；左腳進一步，右腿支撐，膝部挺直，腳尖勾緊，從後向體左側踢起，經面部向體右側擺落；落腳併步，右腳進一步，左腿向右側擺踢（圖43～圖45）。

圖 43

圖 44

圖 45

【說明】

外擺踢時，注意上身不能前傾，髖關節充分外展，踢起之腿與體側成 180°直面。

5.裡 合

【動作】

併步站立，兩手握拳屈肘，身體放鬆，保持平衡；左腳進一步，左腿膝部挺直，腳尖勾緊，從後向前踢起，高不超過腰；接著向上、向外擺蕩，上體隨踢腿姿勢右轉；右腿連續從體右側向上經面部回環內踢，右腳落地併步站立，換左腿做練習（圖46～圖49）。

【說明】

裡合踢腿時，應注意以肢體擺蕩慣性踢起和回落。回落時腿的內收肌很快收縮完成動作。

圖 46

圖 47

圖 48　　　　　　　　　　　　圖 49

6.倒　踢

【動作】

　　併步站立，兩手握拳屈肘，身體放鬆，保持平衡；左腳進一步，右膝插直，腳尖勾緊，從體後向前踢起；右腿落下，左腿踢起（圖50、圖51）。

【說明】

　　倒踢高度一般較難提升。初習時兩手可扶物練習，動作要求同樣是抬頭仰身，腰後屈彎。

　　踢腿訓練都是腿及髖部經過靜止性的壓、耗、吊、扳等鍛鍊後進行的訓練方式。此種運動的目的就是使腿在壓完後把肌腱、韌帶直接投入活動，訓練腿部的運動能力，鍛鍊踢腿的柔軟、彈性、伸展、靈活和力量。

　　踢腿練習的次數多少根據自己能力決定。

圖 50　　　　　　　　　　　　圖 51

　　本節訓練可以為練習者後來的腳踢法打下一定基礎。如果是受過訓練的運動員，為了加強腳踢變化的能力和快速進步，除進行柔韌性踢腿訓練外，還可以設定自己喜愛的腳踢法組合訓練。這樣，可以從專門設定的腳踢法的訓練中培養從不同角度出腳、踢打的敏捷性及踢打力量等。

　　腳踢法組合訓練舉例：

　　步法配合連續前踢；

　　步法配合移位後踢；

　　改變方向連續踢；

　　側踢或配合其他踢法。

　　有關踢法的研究建議：

　　● 選擇速度較快的腳踢法；

　　● 選擇姿勢變換較小的腳踢法；

- 注意踢出後的回復原式姿勢；
- 努力踢出任何角度；
- 努力使踢法簡練。

以上建議是給予所有打算精進自己的踢法的練習者作些提示和參考。

對於柔韌性訓練，截拳道認為應依照科學態度進行，不能盲目地強調又苦又狠的方法，那樣做常常適得其反，不僅進步慢，而且容易受傷。肌肉、韌帶受傷後一般恢復又比較慢，很容易影響以後的訓練。因此，在做柔韌性訓練之前，一般都要做一些準備活動（熱身運動）。

經過訓練的運動員也可以把柔韌性訓練加入其他訓練計劃中。在柔韌性訓練結束時，也要做一些放鬆的動作，用身體的屈膝或扭轉等動作來放鬆被壓刺激的肌肉韌帶。壓完腿後方可進行踢法訓練。

第二節　截拳道的踢擊速度

踢擊速度是截拳道腳踢法最基本的素質之一。踢擊速度是指人體下肢在最短時間內完成一定運動的能力，或者叫下肢快速運動的能力。

一、速度類型

速度的素質在截拳道中表現為視覺判斷速度、反應速度、動作速度和位移速度等。

1.視覺判斷速度

視覺判斷具有重要意義。在訓練和實戰中，準確地觀察空間、方位和距離上迅速變化的各種關係，才能建立正確的行動方向。

在武術運動中，對於眼法的要求，是視覺不單獨活動，而是相隨於身體姿勢變化。然而，視覺卻是與手法或踢法密不可分的，它還牽連著頸部的活動。不管是用手或是用腳攻擊，眼睛的左顧右盼、上瞻下視，頸關節的靈活以及快速轉動頭部都是必不可少的。

截拳道攻擊的特點是進則是攻，退則是守；即使在椿式保持靜止狀態時，眼睛也要表現出伺機而動的意向。而在攻防狀態下，眼神能體現出拳技運用的特點。

與對手遭遇時，首先要觀察一番對手，了解對手身體的強弱，然後再觀察對手的眼神，進一步判斷對手的虛實與勇怯。

在平常訓練中，要練習培養凝神注視、身形眼法相隨的習慣。運用拳招攻擊的瞬間，上下眼簾繃緊，目光注視，發出逼人的目光。

2.反應速度

截拳道快速的踢擊是以速度定向的。速度是戰勝對手的一個重要因素。反應是對信號刺激的有意識的應答。練習者應預先知道即將到來的刺激是什麼，並且準備以什麼方式回答。例如，在實戰搏擊中，對手採用手法進行攻

擊，我方必須考慮採取什麼方式進行補救或者還擊。反應速度就是這個時間內要完成的對答動作。

反應在搏擊中只是一個短暫的過程。但其中又包含了反應速度時的準備、潛伏和效應三個時期。

準備期是從預備到執行反應之間的短暫瞬間。例如與對手各以樁式在對峙中。

潛伏期是從執行至應答動作開始的瞬間。此段時間雖然短暫，但在格鬥中起著一定作用。此過程包括視覺對對手處於靜止或運動狀態的迅速發覺。

效應期是從預備到潛伏的結束。它受大腦皮層進行的神經活動過程的強度制約，同時又受肌肉運動狀態的影響。在對峙中，神經快速預備反應，向肢體發出準確有力的攻擊指令。

3.動作速度

動作速度是指由靜止狀態到運動狀態時，全身或某一部位改變姿勢的速度。

拳技的運用必須輕快、敏捷、有力。不僅在拳與腳揮動時如此，而且在掌、腕做細微動作時也是如此要求俐落、乾淨，不能拖泥帶水。

動作速度獲得的前提是進行最快速度的腳踢訓練。但是在重複訓練中，必須具備下列條件才能運用腳踢的速度：

（1）用作訓練的技術需要用最快的速度，此時應當注意的完全是速度，而不是風格。

（2）訓練中所需時間多，但是，動作速度不能因身體疲勞而下降。

這兩種條件必須經過練習者在實踐中體驗。但還是要讓練習者必須以自身適宜的訓練為基本條件。

在重複訓練中，應當確定練習的時間和間歇時間。練習時間可相應地減少，或者不用外阻力。

另外，在多次重複訓練中，由於強度對抗所消耗的能量多，因此，必須適當地休息，使身體得以全面恢復，以便在新的練習開始時不感到疲勞。

開始訓練前自己準備的充分與否，將決定練習者重複練習的數量。但有一點必須牢記，不管何時出現疲勞狀態而使動作頻率降低的話，訓練必須立即停止。

截拳道的腳踢法在技法中所占比例很大，而踢擊速度又在其中起著非常重要的特殊作用。

在搏擊對抗中，練習者可以運用快速的踢打動作，牢牢掌握搏擊的主動權，應注意判斷對手的意圖，並以相應的戰術對策來控制對手。

4.位移速度

位移速度是指在外界情況發生改變時應變能力的快慢和移位能力。

在訓練中要學會掌握突然的快速進攻，並且隨時做到快速的位移變化，進行有效的防守與進攻，這要建立在快速動作的反應上和戰術意圖兌現的基礎上。搏擊對抗中能否在不斷變化的情況下準確無誤、快速而又正確地施用招

式擊打，都取決於快速反應和位移變化速度的能力。訓練中，自身掌握的位移變化速度能力，具體體現在能迅速地判斷對手的擊打、防禦、進攻或反攻等諸多方面。

二、速度訓練

1.靜默法

採用坐姿。選擇安靜，光線適宜，空氣清新的場地，練習者須持之以恆，注意力集中，有意

圖 52

識放鬆全身，緩和肌體與身心的緊張。由調整姿勢、呼吸、意念，達到鬆、靜、自然的放鬆狀態。使機體逐步放鬆，心情平靜，達到舒適、怡然自得的境地（圖 52）。

2.假想踢打

練習者由假想對手前腳就在眼前方，我方以不同的腳踢法由警戒樁式踢出，假想踢出動作要快速、善變，以及配合步法進行不停的移位變化訓練。

練習 3 分鐘為 1 組。

3.動作踢打

在訓練中採用最快的速度做踢出動作。做 20 秒踢擊數次的踢法。放慢速度結合步法運動。3～5 分鐘後，再進行 20 秒內腳踢法踢擊動作。

練習1次為1組。

4.木履踢擊

練習者腳穿木履進行前踢訓練，多次重複同一動作。訓練後脫去木履會覺得腳部格外輕巧。可以用此方法增強踢擊速度（圖53～圖55）。

可以採用其他腳踢法進行訓練。

練習一次要踢擊數次。

圖 53

圖 54

圖 55

5. 彈性帶

腿上繫彈性帶進行提膝、踢腿、收腳動作訓練。動作要協調、自然、連貫流暢。練習各種踢擊法，並提高意識控制身體的能力（圖 56～圖 58）。

練習 3 分鐘為 1 組。

圖 56

圖 57

圖 58

6.腳 靶

練習者在助手的配合下，以腳踢法踢擊腳靶，助手所持腳靶要不斷變換角度，幫助練習者變換腳踢角度，快速進步。

練習 3～5 分鐘為 1 組。

第三節　截拳道的踢打力量

截拳道擅長運用腳踢法，首先是因為腿比手有力得多。在實戰中運用正確的踢打，具有較大的威脅性和傷害性。在技擊中，腳踢總是先於手發起攻擊，對方要阻截踢

打也是比較困難的。腳踢的勁力運用是腳踢法訓練中的一個重要的問題，腳踢的勁力需經過刻苦訓練方能獲得。

腳踢法運用得好，腿腳的踢擊就有速度和力量。但在踢擊中雖然有力量而缺乏速度，是達不到預期的效果的。同樣，僅有迅猛的速度而缺少力量，也難以產生效率。

在截拳道腳踢法的訓練中如何獲得踢擊的勁力，牽涉多種因素，需要練習者按照以下要求，來鍛鍊踢擊力量。

一、正確的姿勢是技術發揮的基礎

腳踢姿勢正確，踢擊動作就小，體能消耗不大，卻能有效地達到目的。腳踢訓練時應首先掌握最基本的正確姿勢，經過科學、合理的訓練，改變或改善體內生理機能。

在運用姿勢時，兩腳腳趾扣地，既虛又實，放鬆肌體，精神上既充滿自信，同時也要適度放鬆，才能為出腳做好準備。

腳踢時，把握好動作力點和時間切入點，勁道自然，有彈性，如水花濺出。踢擊完成後，應有彈性地平穩協調迅速收回，並恢復警戒椿式的基本姿勢。

二、精神修練以抗禦外界干擾，培養高度注意力

截拳道腳踢勁力強調應達到精神和肉體的高度協調、統一，因而在訓練中應注重精神的修練以配合踢打。練習者需要有強烈的戰勝對手的慾望，而要真正戰勝對手，必

須先戰勝自己，形成壓倒對手的優勢心理。這種心理定勢就是一種精神，而這種精神應當建立在對自己實力的正確估計上。要通過訓練，逐步強化，形成抗禦外界干擾的高度注意力。只有注意力的高度集中，才能使練習者處於良好的訓練和實戰搏擊狀態中。

因為在實戰中，對手的神態、心境和每一個攻防動作的成敗都會對自己產生一個干擾場。有無對干擾的承受力和抗禦力，能否保持高度的注意力，拋卻內心雜念，達到心靈清虛空明境界，最大限度身心合一地發揮自身潛能，這是截拳道練習者能否突破自身局限、提升訓練效果的關鍵問題。

消除精神緊張，充分自我調節，保持平衡，避免失重。不良的精神因素對人體的生理機能也會產生不良影響，會破壞已形成的動力定型，對於即將實施的動作造成不必要的破壞。

反之，透過精神調節則會增加難以想像的力量，使練習者本能地發展出自己的最佳狀態。

三、柔韌性

截拳道的柔韌性訓練特別重要，是任何一個人研習技擊入門所不可缺少的重要環節。柔韌性的鍛鍊，要根據身體各部位關節活動幅度的大小，關節周圍的韌帶、肌肉、肌腱等軟組織的伸展機能，來作為某一肢體關節的槓杆結構的依據。

柔韌性的好壞，受到關節周圍解剖結構的特點的影響，更重要的是，關節周圍的肌肉、韌帶、肌腱的伸展性和彈性的程度，都對腳踢的力量直接影響。

良好的柔韌性將能使腳從任何角度、高度輕鬆自如地擊出。然而，初習者若缺乏柔韌性基礎的話，在這方面要得到提高也並非一朝一夕之功，因而練習者必須認識到這種訓練的長期性。

四、踢打動力結構

按截拳道的拳理說，腳踢勁力的要點來自位置、時間、落點、接觸面條件等等，並不依賴蠻勁。因此，訓練時必須理解腳踢的含義，明確勁力傳導路線，並且知道施用何種踢法應使用哪一部分肌肉以及如何放鬆。訓練中應始終保持正確的姿勢，這是最基本的要求。經過長期的重複練習至動作純熟，可以逐漸加快速度，這樣腳踢的勁力就會暢通無阻，勢必產生極強的殺傷力。

踢打力量在踢擊動作中如何產生？人體的肢體活動不單是某一骨骼關節的槓杆運動，而是相鄰幾個關節乃至全身的運動。肢體運動又以鏈運動系統出現。相鄰骨關節槓杆運動關係，組成了不同的運動鏈系統，它們之間相互制約，相互支持，相互保護，形成肢體的複雜動作。

在踢打動作中要求平衡、協調以及踢打的突然加速或減速，從趾骨到軀幹的各關聯的支點形成槓杆臂。在踢擊時，利用軀幹的穩定機能和骨盆相牽連的脊椎柱以及與腿

部三者之間的對抗肌腱結合。

踢打的支點主要在髖關節。為了使起動踢擊和槓杆臂快速地抬起和屈伸，手臂和脊柱之間須在靜力和動力收縮情況下達到平衡。因此，在把巨大的力量施於脊柱並形成骨槓杆，肌肉附在骨骼上，在神經系統支配下，產生收縮與舒張，牽動骨槓杆產生動作。所以，人體在實施踢打時，以髖關節為支點，以骨為槓杆，關節為軸，以肌肉收縮為動力，配合呼吸，在神經的支配下得以完成。

五、踢打沙袋

透過訓練掌握了正確的踢打動作之後，便可以進行踢打沙袋練習。

踢打沙袋也是練習腳踢法的訓練方法之一。沙袋的踢打可以在訓練中很好地掌握身體平衡。腿腳迅猛地踢擊沙袋，可以提高腳踢的縱深性和滲透性。如果踢打正確，腳踢擊在沙袋上就像鞭子抽擊一樣。在飛快踢擊沙袋的同時能夠有效控制身體的平衡，踢打動作中產生的力量就較大。起腳踢打時和踢完後，腳都要緊緊地戳於地面，以保持身體平衡，以便獲取更強的攻擊力。

當向沙袋移動時，身體重心應稍稍抬高一點；當腳推近至沙袋時，就要驅使左腳向下重踏。換句話說，也就是此時的力量正由兩腿擊出。

這可能是徒手搏鬥中最凶狠的一種擊打手段。踢打動作中的基本要領不僅是必須掌握的，也是發展縱深性或滲

圖 59

圖 60

圖 61

透性踢擊的主要原則（圖59～圖61）。

踢打沙袋可以使練習者對力的運用和全身動作的協調性，以及培養正確動作姿勢與攻擊的方法、力度，都將有所幫助，並能在踢打中學會利用髖關節作為支點，提高踢打力量。

訓練中使用沙袋可以不用以人為目標而同樣收到良好的訓練效果。但練習者應以沙袋目標作為假想的對手，如同真打實戰一樣，將各種踢法綜合運用，在合適的時機起腳，發展腳踢技能和準確判斷距離，增強手腳的協調動作。踢打沙袋時全面運用了力量、平衡、速度、準確性及其他素質，非常有效，必須經常訓練。

選擇合適重量的沙袋，以靜止性目標擊打和擺動性目標擊打方式，施用各種腳踢法。應注意力點的不同接觸面，分別用腳尖或腳背、小腿等部位進行踢打，由慢到快地體會動作路線、動作步驟、用力部位、出腳和收腳的方法、身體平衡的保持與破壞、支撐腳的屈膝程度和膝蓋所面對的方向、支撐腳和踢擊腳的角度、腹部肌肉的運用和膝關節的彈性、動作的彈性踢出和快速收回等各種感受。

進行任何腳踢法訓練之前，應進行精神修練和充分的準備活動，以適應迅猛的踢擊動作的需要。練習中應左右腳交替進行。

踢打沙袋由警戒樁式開始，要判斷時機，掌握正確姿勢，身體肌肉適度放鬆，減少動作能量的消耗，適應踢擊速度和動作的機動性、靈活性、保持警戒心，對外界變化作出準確、迅速的反應。

初習階段對動作的要求可能一時很難體會，須經過多次痛苦的嘗試後方可領悟。踢打沙袋的動作瞬間，身體各部位應最大限度地配合運動，並進行多次重複練習，以加強神經系統與肌肉的協調性，使動作連貫迅速。

六、踢打棉袋

截拳道腳踢法還可以採用踢打棉袋的訓練方式。截拳道實踐經驗告訴我們，在訓練中常常難以知道擊打在人體身上的真正感覺，因為人體的各部位肌肉、骨骼、關節不同，踢打時或者擊打在柔軟的肌肉上，或者擊打在堅硬的骨頭上，這些感覺都是不一樣的。

因此，選用擊打棉袋，比較接近於一種實戰感覺，可以較好地體驗攻擊距離和正確判斷，以及用貫穿力進行攻擊的感覺。

用以踢打的棉袋，重量應在 30 公斤以上。腳踢打在棉袋上時是一種軟綿綿的感覺，即使用盡全力去踢打，也同樣大大減弱了腳踢的力量，使自己產生似乎無能為力的感覺。若想打動棉袋，就必須動腦筋考慮施用哪種會有縱深力和滲透力的攻擊的方法才有收效。

有力的踢打會給身體一種很強的反彈力，對身體增強實戰承受力很有益處。而且始終快速地擊打，可以有效地提高腳踢的機動性和靈活性。

七、踢打木人樁

利用木人樁進行腳踢法的訓練，有助於練習者的綜合能力的快速提高。踢打木人樁能夠掌握踢打技術的準確性和靈活性。踢打訓練中，應注意距離的控制，以免發生受傷事故。進行針對木人樁的各種踢法和戳擊進攻的訓練，體驗從不同距離、不同時機的出腳運用，還可以配合手、肘、膝法的施用，進一步融會貫通拳理，熟練運用技術，提高實戰能力。

踢打木人樁時，應當將木人樁假想為對手，同時必須具備有敵似無敵、無敵似有敵的精神，並使肢體在擊打同時也受到衝擊力和反作用力的鍛鍊，磨練肢體的硬度。

擊打木人樁時，應注意不要過於急躁，而應以循序漸進為原則。訓練進行一段時間之後，終究能充分體會腳踢的效果。當然其間也可選擇其他的有益方法配合訓練。

第四節　截拳道的踢擊準度

腳踢擊的準確性就是踢打準度，也就是腳踢的準確位置。腳踢或拳擊技術的準確性在搏擊對抗中的重要性應屬首位。對於任何一次腳踢來說，踢擊準度達不到，踢打也隨之喪失了效率。所以，在腳踢訓練中培養良好的踢打準度是非常重要的。

截拳道認為，腳踢準度受視覺、腳踢技術、對手情況、搏擊的時機、距離和空檔把握等諸多因素的影響。

一、視　覺

視覺區是管制視覺的神經中樞。視覺區位於大腦兩個半球枕葉的皮質內，交叉控制兩眼，其工作形式也較特殊。從生理解剖學中了解到，視神經通路中的每隻眼睛內視網膜左邊，均經由視神經通路與左半球視覺區連接，這就是所謂的左半球視覺區，它同時管制左右兩隻眼睛。

同樣道理，右半球的視覺區也同時管制左右兩隻眼睛。因此，視覺好壞無疑是極其重要的，對周圍變化的敏銳反應也是視覺所必需的。只有具備了敏銳的視覺，才知道該向什麼目標做動作。截拳道指出，視覺刺激也是一切動作的主宰。

腳踢法以及施用其他攻擊技術，其精神如何，會在眼睛、心神中做瞬間的傳動。因此，實施踢打時眼不可旁視，心不可兩用，以免導致精神渙散。眼睛同時又可以提供判斷時機與距離的能力。

視覺反應範圍中的空間知覺，是指立體知覺或遠近知覺。視覺間知覺的關係，當然是依眼睛收集視覺資料來形成敏銳性和洞察力。

視覺的訓練方法有兩種。

其一，由警戒樁式開始，全身放鬆，精神集中，呼吸自然。在清靜之處，面對一平行目標，鬆靜自然，兩眼平

視，緊盯這個目標；稍停，兩眼向別處觀望一會兒，然後在最短的時間裡，分辨出剛才所盯的目標，用這個方法練習眼睛的觀察力和分辨能力，提高自我控制精神和眼力的能力。

其二，讓助手與自己面對站立，由助手伸手向練習者眼前猛插。兩腿自然站立，兩手叉腰。初期練習時可以慢速訓練，然後逐漸加快指插速度。練習者盡量保持不眨眼，到指插到鼻尖處仍不眨眼為佳。

其他練習者也可以選擇放鬆眼睛的練習方法，讓眼球上下左右轉動，以放鬆眼部肌肉緊張狀態，恢復眼部疲勞。

二、腳踢技術

腳踢技術是指對踢法的掌握程度。踢法掌握的好壞將影響踢打的準確性。拳術中有「拳技以眼為尊」「破敵全憑一雙眼」之說，道出了目光的敏銳在技擊中的重要性。但是，腳踢技術若不下工夫訓練，踢打時便會動作生硬僵滯，肌肉關節不靈活，踢打的準確性也難以達到，體現不出腳踢的效果。

腳踢技術應遵從拳理，刻苦訓練，培養準確、快速、多變的腳踢技法，為擊中目標提供條件。

要提高腳踢準度，應在基礎訓練中加強力量、靈敏、協調、柔韌、速度等素質的練習。在腳踢的作用得到提高和改善時，腳踢準度也就慢慢提高了。進行訓練時，要注

意影響腳踢準度的因素和技法掌握的程度，還應注意提高手、眼、身法、步的協調配合能力。

同時，訓練中與搏擊中的信心度高低都會影響到腳踢的準度。一旦失去踢打的信心，精神上也就出現渙散現象，導致腳踢動作姿勢的錯誤，自然談不上腳踢準度了。截拳道為何有那麼多的人喜愛，原因就是它不僅教會你技擊的方法，而且同時讓你學會如何在精神上提高自己。

三、對方情況

對方情況指在搏擊時對手的身高、體重、氣質、招式運用、反應情況及力量等方面，會直接或間接地影響腳踢的準度。例如，對手身材高大，練習者較矮小，若此時以勾踢對手頭部位為目標，就會因為對手頭部太高而影響到勾踢法的完成效果。若對手反應速度較快，運用腳的踢擊就應格外小心，以防遭遇對手快速反擊。

搏擊對抗中，我方與對手的技術施展都不是處於事先安排好的條件下進行的，但是，在不規律搏擊的過程中仍有其規律性的一方面。比如說，對手在側踢出腳時雖全力以赴，屢有變化，但其身體、步法隨著側踢動作的擊出，也形成了身體的移位和距離的變化。在這種情況下，對手若想再連接另一腳的動作，他就必須注意我方的下一步動作，看我方又會有什麼變化。

這種邏輯性思維都有一定的預見性，使我方反應有預先準備，也給出腳攻擊提供了準度的條件。

　　搏擊中欲使腳踢達到準確性的攻擊，就必須分析、研究，注意諸多因素對腳踢法的影響，並因對手採用的戰術、時機的把握，距離的判斷來避開自身的一些缺點，使攻擊目標更加準確。

　　當然，其他一些特殊原因，如心理情況、受傷事故等也會影響踢打的準度。訓練時應認真對待這些問題，將影響踢打準度的狀況降至最低限度。

第五節　截拳道的靈敏性

　　截拳道的自由搏擊中常常會出現複雜多變的情況，我方採用的戰術與技法應形成迅速而有組織的反應與攻擊，這些都要依靠提高身體的靈敏素質來實現。

　　靈敏是練習者迅速改變體位，轉換姿勢以及隨機應變的能力。它是練習者的各種技術技能與素質在運動中的綜合表現，是比較複雜的素質。

　　靈敏性是建立在技法的基本訓練之上的。受過良好訓練，並且具備一定技術水準的練習者在系列、完整的戰術行動中，能及時掌握攻擊時機，對於對手的擊打能立即產生相適應的防護動作。

　　靈敏性素質和神經肌肉反應速度、肌肉肌腱爆發力速度、身體協調能力強弱、感覺功能的優劣等因素都有著極為密切的關係。首先與反應的速度有關。反應慢的練習者，也不可能具備高度的靈敏性，就會在快速多變的搏擊

中處於束手無策的被動局面。因此，截拳道推崇的習武之先決條件即身手敏捷。

靈敏和耐力是缺一不可、緊密相關的。練習者在搏擊中產生疲勞後，加上心理因素的變化，動作完成的能力、擊打頻率和移動頻率均明顯降低。這些因素使精神狀態呈現倦怠而萎靡不振，導致在搏擊中只有招架之力，而無還手之功，無從施展自己的技法，更談不上靈敏度了。

要使自己變得身手敏捷，必須努力提高大腦皮質興奮抑制過程，使自己具有持久的耐力，才能更好地發揮動作和反應的靈敏度。

提高靈敏素質水準包括以下要點：

●提高大腦皮層神經的靈敏度和分析綜合能力，使身體在內外環境發生變化時，快速作出判斷和反應；

●掌握熟練的拳法和踢法，鞏固實戰的高水準狀態；

●對拳技的學習有高度的可塑性；

●接受一定的力量、速度、柔韌性及耐力訓練，打好身體素質基礎；

●借助多變的訓練環境和訓練方法，提高練習者判斷分析、反應速度以及綜合素質。

靈敏訓練的可選擇練習方法：

1.假想踢打練習

假想由警戒樁式起與對手進行搏擊。假想對手比較凶狠，練習者需把一種真正的格鬥精神灌輸於頭腦，與對手進行攻防搏擊。練習中主要以步法移動、踢打和防護為

主，提高技術動作在對抗中的運用，使一個動作和另一動作的過渡變化融合為一，在對抗中達到連貫和快速以及連環使用的程度，從而使練習者發揮出高度的技巧性與靈敏性。

2.跳繩練習

跳繩是發展各種動作總平衡的強有力的訓練方法，也是提高靈敏性的良好練習方法之一。

跳繩可採用多種形式進行。

3.腰髖柔韌練習

練習安排在精力充沛時進行，運用多種方式鍛鍊腰、髖的柔韌性，豐富訓練內容。練習時間要有所控制。

4.踢打練習

由助手幫助，練習者運用各種技法攻擊對手所持的拳靶或腳靶。踢打時要注意拳靶、腳靶的高度、位置的變化，提高練習者靈敏程度。

第六節 截拳道的平衡能力

平衡能力是截拳道最重要的一方面，也是訓練中反覆強調的基本訓練方法。如果沒有始終如一的高度平衡能力，就會在動作中失去對身體的控制，反過來，只有正確

及時地調整對身體的控制，才能夠保持平衡。

平衡是協調神經、肌肉的反應以保持人體穩定性的能力，也就是隨時對人體重心進行控制的能力。然而，影響人體支撐穩定性的因素很多，在運動中，人體的平衡主要是下肢支撐平衡，但其也僅是一種有限度的穩定平衡。

人體平衡不同於一般平衡，是具備高級神經活動的特殊狀態。平衡覺的感覺器官是內耳中的半規管與前庭。半規管控制頭部的平衡，前庭則控制身體的平衡。半規管在兩耳內各有一個，彼此相連，互為垂直，分別對應理調三個向度。管內均充滿液體，液體內浮有叢生的毛狀細胞，其功能主要反映頭部的平衡。當頭部搖動時，管內的液體也隨著搖動。毛狀細胞自然隨之搖曳屈伸，因而引起感應，產生神經衝動，繼而經神經纖維傳入小腦。小腦即為中樞神經系統中控制身體平衡的器官。

心理因素的變化會破壞人體收縮肌群的協調秩序，而導致支持面內的壓力不均，使人體隨之失去平衡。一般來說，依靠肌肉收縮固定各關節實現平衡，也是人體動作平衡的又一特點，因此，肌肉力量大小也會直接影響人體平衡。

運動中如何控制平衡？應做到兩腳置於身體的正下方，兩腿自然舒適地分開，間距為一自然步，這樣就能站得穩固。身體重量可以均勻地落在兩腳或稍偏重於前腳上。前腿膝關節要稍微彎曲，身體重心前移，但前腳腳跟要輕著地面，以保持身體平衡和減緩緊張程度。

雖然以上原則適用於一般情況，但也未嚴格規定出腳

後腳跟是抬離地面還是平著地面。這也是在基本的警戒樁式中去體會領悟基本動作的提高形式。

如何增強身體平衡的控制能力？應注意盡量以膝部的動作來增強平衡，運動中控制身體重心，移動時盡量用滑步和碎步，不宜採用大幅度跨步、跳步或交叉步法。在做腳踢或手法動作時，全身動作不要過度，動作幅度過大也會影響自身平衡。

手法擊出時，腳後跟應彈性支撐著身體，並抬起迅速將身體重心移向前腿。後腿膝關節也像前腿膝關節一樣稍彎曲，須保持放鬆和穩定。一般來說，動作在擊出、回收時，應使膝關節稍屈，盡量不要挺直，即使在突然移動時也應稍屈膝。後腳跟的抬離地面也能放鬆快速，以保證身體平衡移動和自如的出招。

再次強調，出拳時全身動作不要過分，那樣的話會影響平衡。站立姿勢過高時進行攻擊，在擊拳打空失去平衡的瞬間，就容易遭受反擊。

惟一能夠依賴的比較安全的辦法，就是使膝部彎曲，還應掌握肌肉的收縮與放鬆的方法，以及體驗身體各部分處於不同位置時的具體感受。

例如，身體處於平衡的位置時，有意識地讓身體傾斜而失去平衡，當向前、向後及向兩邊運動時，感覺其中的差別。獲得了這種感覺，當身體運動由自如到彆扭，從輕鬆到緊張時，就可以運用這種感覺來不斷引導身體的運動方式。最後，使動覺到達很敏銳的程度，即當身體的動作不能獲得最佳的效果時，就感到不舒服，從而迅速進行自

我調整。

　　腳踢進攻時，應運用迅速敏捷的踢法，在對手尚未來得及進行有效防護和閃避之前起腳攻擊，同時，要使對手無法利用我方進攻中所暴露的破綻來進行反擊。因而在踢擊中就要注意起腳、落腳和恢復警戒樁式時控制身體的平衡能力。一旦能夠有效控制身體的平衡，就可以在前進、後退、左右迂迴等各種動作中輕鬆自如地施用各角度的踢打。

　　截拳道非常強調平衡的重要性。在任何時候，無法保持平衡則無效果可言。不僅要在靜止狀態下保持平衡，而且力求在運動中保持良好的平衡，尤其是在有效的出拳和起腳時，必須要求做到用良好的平衡狀態來控制身體。在不斷改變身體重心的狀態下保持平衡是戰勝對手的前提，但這也並非輕易就能掌握。

　　在進攻和防守時，戰術隨著情況的改變而改變也是理所當然的，但應注意不可過於偏離警戒樁式。身體的重心偏移一點，出招進攻就會使自身失去平衡，那樣就真的是「欲速則不達」了。

　　兩腳站立的姿勢，應以一隻腳能夠迅速向各個角度、方向出擊，並形成其全力進攻時的一個轉動軸心，而另一腳用以保持有效的平衡，防護、抵擋來自各個方向的攻擊。培養訓練高度的平衡能力，可以採用左右兩邊站立的姿勢訓練，在完成同一種戰術訓練時，都應左右交替進行。

　　平衡控制能力在對抗中是至關重要的，決定著成敗得

失問題。惟有保證身體的穩定平衡狀態，才能在實戰搏擊中高效率完成攻防動作。相反，缺乏高度的平衡能力，將直接影響攻防動作的發揮。截拳道要求在基本樁式的前提下開始進攻時，要注意身體重心移至哪一隻腳上，以利進攻動作的施展。如果是在防守對手的進攻時，必須使重心後移或者下落重心，在自我防護中化解對手的攻擊。這也是掌握基本的警戒樁式及運用技法的升華過程，以便為迅速有力地反擊對手做好準備。

保持良好的平衡，在欲發起攻擊時：

● 兩腳自然分開適當距離站立；

● 降低身體重心；

● 利用腳內側大趾根支撐體重；

● 移步時仍保持屈膝；

● 由靜止過渡到移動狀態，均要注意控制身體重心。

第七節　截拳道的耐力素質

耐力是指人體持續進行長時間運動的能力。這種能力也可以認為是抗疲勞能力。

進行耐力訓練時，應使身體肌肉與神經系統得到系統的發展和協調，使練習者能夠承受搏擊對抗中的力量消耗，從而在搏擊中發揮更強的戰鬥力。在截拳道的訓練與搏擊中，很少單獨使用某種力量，更強調使用綜合性力量，這是其獲得成功的至關重要的因素。

此種因素的形成，來自於循序漸進的負重訓練。必須有計劃地進行負重訓練，而不能盲目進行。

採用負重訓練，主要是為了增大肌肉的力量，而不只是為了使肌肉變得發達。

耐力訓練之前，準備熱身活動一定要充分。使用器械練習時，注意掌握好動作技術。經過一段時間的訓練使身體適應後，可適當增加重量。但要提醒練習者，在這個階段不應操之過急。

截拳道中非常重視耐力訓練，同時，不提倡用過多的時間進行技巧練習。技巧的發揮主要隨自身身體條件和能力的提高而提高。訓練的目的是為了增強身體素質，鍛鍊智力，提高耐力。

搏擊的前提條件，首先應具備身體各部分對於對抗技擊的高度適應性。身體各器官能夠承受高度緊張的壓力，並在持續的踢打動作中，始終保持良好的競技狀態，在與對手的周旋中做出隨機應變的對策，從而最終擊敗對手。

面對激烈的對抗以及身體各部位的承受能力，都必須依賴於耐力的完善與增強。培養實戰搏擊的耐力，應重視絕對耐力與專項耐力的訓練。絕對耐力是指通過堅持不懈的訓練提高身體各部位器官機能，尤其是提高中樞神經與肌肉之間的協調作用，提高心血管系統、呼吸系統和強化肌肉纖維的功能。耐力訓練應進行長期、系統的循環練習，才能為發展專項耐力打好基礎。

專項耐力與實戰搏擊中發揮技術動作的關係不可分割。它表現在神經系統進行搏擊中動作的協調性。這種協

調性的產生不斷使練習者對搏擊對抗中產生的情況作出準確的判斷和反應。判斷力和反應力是對時空、距離、力量的感覺的不斷昇華，從而使練習者減少體能消耗，增強在複雜多變的對抗中的信心與意志。

搏擊中的耐力強弱與正確的呼吸有著非常重要的關係。在快速的對抗中，必須最大強度地進行擊打，促使體內氧氣大量消耗，身體組織細胞輸入血液裡的二氧化碳也同樣升高。加上因神經系統處於高度興奮的狀態下，自己的情緒極度高漲，引起呼吸中樞強烈興奮，呼吸加快，甚至引起對抗中的呼吸停滯。身體內組織的氧氣需要量與二氧化碳的排出量循環不正常，導致很快出現疲倦狀態，對抗能力下降。為避免這種情況的產生，必須掌握正確的呼吸方法，以保持在對抗中的各種能力。

可供選擇的耐力訓練的方法：

1.跑步練習

日常訓練中堅持跑步，是發展總耐力、鞏固心血管和呼吸系統的最好練習。任何距離的跑步所使用的時間，都是體現總耐力的最好標誌。也就是說，在同樣條件下，以時間來計算快與慢，標誌著耐力的強弱情況。

為了避免耐力訓練過於單調，應努力使訓練多樣化。跑步場所可以任意選定，最好在海灘、公園、樹林間進行練習。跑步時應先使身體放鬆進行慢跑，可以輕輕地擺動手臂，使肌肉充分活動起來，以適應快速運動的需要。接下來應變換節奏與步幅，大跨步地跑一段，再衝刺跑一

段，然後恢復到放鬆的節奏跑步。也可以改變方向跑，根據運動訓練的習慣，盡量避免身體肌肉的緊張。

跑步練習除了可以提高腿部力量和心血管系統的機能外，對手動作的靈敏性和協調性的培養也大有幫助。

放鬆跑練習時，應盡量延長呼吸間隔時間，採用深呼深吸的呼吸方法，並同時注意感受不同呼吸方法對身體的影響。在改變方向跑時，身體重心應控制於支撐面的中部，也就是頭部，身體保持放鬆、正直，並在改變方向時保持身體平衡。衝刺跑時，應該重心前收，盡量以腳前掌著地，以適應動作的高頻率，特別是腿部的節奏頻率、步幅對速度的影響。

跑步時要合理地利用慣性，可以促使肌肉放鬆，收縮適度，動作節奏也更加高效、協調。這樣在快速跑時能減少體能消耗，利於長時間運動。

2.跳繩練習

跳繩也是一種耐力性練習方法。透過訓練能夠增強耐力，還能感觸到腳下變得更加輕鬆。跳繩比慢跑效率高，同樣對腿部力量和心血管系統有益，並能增進平衡感。跳繩很符合截拳道運動的需要，不僅對身體機能有益，還能全面發展人體素質，鍛鍊耐久力。

跳繩時可用一腳單跳，另一腳向前抬起，然後交替。跳繩每轉一圈，腳就變換一次。跳的節奏可以逐漸加快，並注意減少腕臂擺動的幅度。當跳繩繞過時，腳僅稍微跳離地面，恰好使跳繩通過即可。

運動量以跳 3 分鐘為宜，然後休息 1 分鐘，再進行下一組訓練。在適應這種運動量後，中間的休息時間免去，持續做數分鐘的訓練。

　　只有嚴格地、持續不斷地練習才能增加耐力。如果遇到室外條件不適合練習時，可以在室內改用其他訓練手段訓練。一旦開始訓練，就不要隨意中斷練習。

　　一般來說，欲使耐力素質達到巔峰狀態，須經過數個星期以上的刻苦訓練，一旦停止這種高強度的訓練，耐力素質就會消減或喪失。

　　耐力素質訓練或者其他訓練不僅是對身體的訓練，也是對個人意志品質的考驗與培養，是身體乃至身心在訓練中忍受痛苦，培養堅韌不拔的意志品質和不達目的地決不罷休的精神氣質。

　　訓練中的耐力輔助訓練也可以採用與助手實戰對抗練習的方法，以各種技法的運用為基礎，進一步改善和提高動作的協調性，加強腳步的移動頻率與擊打動作的頻率，提高防護的技巧，進一步鞏固輕鬆有效的擊打和嚴密的防護，使在未來的搏擊中充分發揮截拳道攻防合一的技法。

第四章

截拳道腳踢技法

截拳道拳理的宗旨，以無法為有法、以無限為有限為基本原則。指出練習者在具備一定能力的基礎上，廣泛吸收、靈活運用踢打的技術，並根據自身條件力求精練、實用，符合現代搏擊形式。突破傳統的束縛，創造和探索各種方法來鍛鍊適應搏擊的能力。

截拳道———太極圖，是一個重要的標誌，闡示了陰陽兩者既對立矛盾，又相互依存統一，在一定條件下相互轉化的辯證聯繫。此種關係普遍存在，也適合於截拳道。以其拳理闡示宇宙萬物生化極變，使動作技法如太極圖合一，互相滲透，互相融合，成為完整的一體。

第一節　腳踢技法

一、前　踢

【動作】

由警戒樁式起做前腳前踢動作。身體適度放鬆，保持

警覺，身體重心後移至後腳，同時後腿膝部稍屈，前腳快速提起，以後腳踏地反彈之勁力，將反彈作用與身體的動作勁力合二為一，前腳快速踢出，勁力直達腳尖、腳背部、腳前掌及腳後跟部。然後迅速恢復警戒樁式（圖62～圖64）。

圖 62

圖 63

圖 64

　　由警戒樁式起做後腳前踢動作。身體適度放鬆，保持警覺，身體重心移至前腳上，同時膝部稍屈，後腳向中線快速提膝。在前腳踏地的瞬間，身體放鬆後猛然以動作勁力快速將後腳踢出，勁力直達腳尖、腳背部、腳前掌及腳後跟部。然後迅速恢復警戒樁式（圖65～圖67）。

圖 65

圖 66

圖 67

由警戒樁式起做移位前踢動作。身體適度放鬆，保持警覺，後腳向前滑步移至前腳內側，在後腳觸至前腳的同時，前腳提膝，借身體放鬆後猛然的動作彈性快速踢出，力達腳尖，腳背部、腳前掌及腳後跟部。然後迅速恢復警戒樁式（圖68～圖70）。

圖 68

圖 69

圖 70

84

由警戒樁式起做移位前踢動作。身體適度放鬆，保持警戒，前腳後移到後腳內側部，在前腳掌落地的瞬間，將後腳向中線提起，將落地時，重心移動，猛然動作，勁力合為一體將後腳踢出，勁力直達腳尖、腳背、腳前掌及腳後跟部。然後迅速恢復警戒樁式（圖71～圖73）。

圖 71

圖 72

圖 73

【說明】

截拳道的前踢法分為前腳前踢和後腳前踢動作。踢打的方式根據目標接觸部位不同，分為腳尖踢、腳背部踢、腳前掌踢、腳後跟踢幾種。

前踢擊打的目標為頭部、頸部、胸腹部、襠部、膝部、脛骨等部位，以及條件允許的其他部位。

運用前踢時，應遵從截拳道的拳理，準確，快速地向對手的中線攻擊。

前踢能合理地運用髖部作用，增加踢打的爆發力。在踢擊目標的瞬間，急速地向前轉髖，利用腳踏地或由膝到腳的彈性進行踢擊。然而實施這一動作的時機是十分重要的，也比較難以掌握，一旦能熟練運用，不僅在站立中可以攻擊，甚至在跌倒時同樣可以把握時機踢打對手。

開始做前踢動作時，應時刻保持自己警覺之心，身體肌肉適度放鬆，以利於踢擊時動作的機動性和靈活性，促使動作快速完成。做前踢的收腳動作有兩種形式，一種是利用身體的自然彈性，順勢將其收回；另一種是用後腿屈膝控制身體重心來收回。不僅是在前踢的動作中有意破壞自身平衡，加快動作速度和攻擊效率，也體現在其他踢法中。這就必須理解利用彈性和平衡的意義。

從進攻角度來說，前踢分為上段踢、中段踢和下段踢三種。上段踢擊時前腳前踢的目標為下頦，著力部位應使用腳後跟。中段踢擊時，後腳前踢的目標為胸腹部位，著力部位應作用腳後跟。下段踢擊時，前腳前踢的目標為襠部，著力部位應使用腳尖或腳背。根據不同的攻擊角度採

用不同的前踢動作。

【要領】

● 做動作時以警戒樁式開始，保持警覺心；

● 理解動作的路線、動作的過程、踢打的著力部位；

● 感受移動時平衡遭到破壞的狀況，學會以膝部的彎曲或步法的變換來化解；

● 提膝與踢出動作是連貫快速的，不能分開來做；

● 做好快速踢出和快速收回動作；

● 控制身體平衡，以及有意識進行的破壞平衡的變換；

● 支撐腿膝關節的彎曲程度和所對的方向；

● 踢出腿與支撐腿的角度；

● 腹部的利用及由膝到腳的彈性；

● 髖部的擰擺動作；

● 精神與動作的協調合一；

● 與步法的配合；

● 動作必須精密和正確；

● 力量和速度的快捷。

【訓練方法】

1.踢法練習

初習者必須以正確技術動作為根本保障，在身體適度放鬆的狀態下完成動作，在逐漸進步後進一步提高踢擊動作水準和其他素質。

練習 100 次為 1 組。

訓練中可以借助鏡子觀察自己的姿勢、技巧的變化是

否有錯誤，或在教練員指導下，學會正確的姿勢和技巧變化。

熟練掌握前踢法，配合呼吸及姿勢，促進踢擊的勁力，無論是用前腳還是後腳、支撐腳要有踏勁，兩肋要合，腰部挺勁，手肘要有裏勁，肩部扣勁，頭頸要有豎勁。

配合手法練習。

練習3分鐘為1組。

配合步法或其他技術進行訓練。

2.器械練習

（1）沙袋　由警戒樁式起做踢打沙袋訓練，從高、中、低三種高度踢打；注意踢出腳的時機、角度和距離，並假想沙袋是對手，並全力去踢打沙袋，培養適應實戰搏擊所需要的意念（圖74～圖76）。

（2）紙靶　練習者以前踢直接踢擊懸吊的紙靶。紙靶可分三段懸吊，練習踢擊的變化。在熟練的踢打中，可結合手法、步法或各種戰術進行練習。

練習3分鐘為1組。

（3）腳靶　由警戒

圖74

圖 75

圖 76

椿式起踢擊助手的手持腳靶。讓助手控制距離與高度，或移動變化方向，練習者快速踢擊不斷變化位置的腳靶，以此訓練練習者的腳踢變化和速度等素質。

練習時間可以根據個人情況自行確定。

（4）木人椿　用腳踢或其他技法來踢打木人椿，可以提高練習者的實戰能力，並把木人椿當作真正的對手來搏擊。還可以配合其他動作進行踢打。

初習時，應注意擊打木人椿用力不要太猛，要慢慢適應踢打對肢體的磨練。

【實戰運用】

由警戒樁式起做前踢動作。對手右腳在前時，我方前手直拳佯攻對手面部。對手後手進行防護，前手格擋我方攻擊的拳臂，我方對準對手腹部空檔猛踢一腳（圖77～圖79）。

圖 77

圖 78

圖 79

　　由警戒椿式起做前踢動作。對手以右腳在前時，我方前手進行防護，後手直拳佯攻對手頭部。對手閃躲仰身，我方在移動中提膝，快速踢打對手腹部（圖80～圖82）。

圖 80

圖 81

圖 82

由警戒椿式起做前踢動作。對手以左腳在前時，我方前手指戳擊對手面部，對手慌忙向後躲閃，同時我方在移位中後腳前滑，猛然前踢對手胸部（圖83～圖85）。

圖 83

圖 84

圖 85

由警戒樁式起做前踢動作。對手以右腳在前，揮手進攻我方頭部。我方稍向後移步，避開對手進攻。在對手欲收回手時，我方緊接著以前腳前踢對手胸、腹部位（圖86～圖88）。

圖 86

圖 87

圖 88

由警戒樁式起做前踢動作。對手以左腳在前，企圖前踢攻擊我方腹部。我方在移位防守對手手臂的同時，前腳提起阻截對手實施攻擊的腿部。對手攻擊被阻截後，我方收腳後，立即快速前踢對手襠部（圖89～圖91）。

圖 89

圖 90

圖 91

　　由警戒樁式起做前踢動作。對手以右腳在前，揮手攻擊我方面部。我方前手迅速格擋對手攻擊的手臂，後手準備防護，前腳在滑移中前踢對手面部（圖 92～圖 94）。

圖 92

圖 93

圖 94

　　由警戒樁式起做前踢動作。對手以左腳在前，實施前手攻擊。我方後退，觀察對手情況，對手欲再起腳時，我方猛然側踢截擊對手的起腳。對手遭到攻擊後下俯身體，我方快速側倒前腳，猛力前踢對手襠部（圖95～圖98）。

圖 95

圖 96

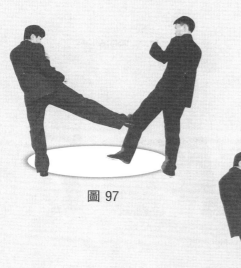

圖 97

圖 98

二、劈　踢

【動作】

　　由警戒樁式起做劈踢動作。身體適度放鬆，保持警
覺。身體重心移向後腳，同時膝部稍屈，前腿提膝，以後
腳踏地的勁力和身體放鬆後的猛然動作之力合為一體，將
前腳於體前由上向下砸擊出，勁力達於腳後跟或後小腿部
位，然後迅速恢復警戒樁式（圖 99～圖 103）。

圖 99　　　　　　圖 100　　　　　　圖 101

圖 102　　　　　　圖 103

由警戒樁式起做劈踢動作。身體適度放鬆，保持警覺。身體重心移向前腳，同時膝部稍屈，後腳至體前提膝，借前腳踏地的彈性和放鬆後猛然發力，將後腳由上向下砸擊，勁力達於腳後跟或小腿後部。然後迅速恢復警戒樁式（圖104～圖108）。

圖 104

圖 105

圖 106

圖 107

圖 108

【說明】

截拳道的劈踢法主要用腳後跟或小腿後部實施擊打，擊打目標為頭部、頸部等規則允許的部位。

必須尋找間隙攻擊，注視對手動作，充分發揮劈踢的效果。

尋找合適的時機，在對手扭腰或旋肩躲閃時，迅速滑步，採用劈踢全力攻擊。

攻擊中全神貫注，凝聚全身力量共同參與。

運用髖關節充分送腿，增加踢打力量。

踢砸目標的瞬間要快速展髖，利用腳踏地和由膝到腳的彈性所產生的反作用力進行砸擊，動作應快速猛烈。

砸擊時要有良好的柔韌性和協調性，熟練掌握腿擊動作。

為使動作快速完成，就充分利用身體的自然彈性，學會控制身體重心，因為踢擊時動作平衡已經被有意破壞。

若欲使劈踢的運用有效，應做到：

- 敏銳地注視對手，及時分析變化情況；
- 追擊時保持動作的正確性；
- 身體放鬆不凝力，保持有效平衡；
- 動作精練，攻勢連續不斷；
- 用自然的姿勢恢復警戒樁式；
- 熟練的被迫跌倒後的攻擊方式。

【要領】

- 精神和肉體的高度協調；
- 由警戒樁式開始；

- 體會動作步驟、小腿與腳的擺動動作；
- 最大限度地利用髖部；
- 控制好身體重心；
- 肌肉的鬆緊適度；
- 注意前後腳、上下肢的協調配合；
- 借助身體慣性回復開始姿勢；
- 動作連貫快速；
- 以警戒椿式結束動作。

【訓練方法】

1.踢法練習

練習者進行準備活動後，可以進行踢法訓練。在教練員指導下，學習正確的劈踢動作，反覆練習和體會，並留意自己是否出現錯誤動作。

練習劈踢有了一定基礎後，就要注意踢法的勁力訓練，培養練習者腿腳上的功夫。

劈腿擊出時，腰部應順著腿的揮出而配合擰擺勁力，使腰部筋節肌肉與內勁合一，增聚勁力，促使胸椎與背部的擰轉，發出催勁力量。支撐腿的踏勁可以增加彈性勁力，促進腳踢的蹬地慣性，協調攻擊腳的勁道。

2.器械練習

（1）彈性帶 兩腳均繫彈性帶，由警戒椿式起進行劈踢動作訓練，鍛鍊踢法的靈活性和力量（圖 109～圖 112）。

圖 109

圖 110

圖 111

圖 112

圖 113

圖 114

　　練習 3 分鐘為 1 組。

　　（2）練腳腿硬度　　用木棍滾壓小腿前面與後面的肌肉、骨骼。初探時用力要輕，隨著訓練時間推移，逐漸增加滾壓小腿的勁力，增加小腿肌肉、骨骼的硬度及彈性，培養攻擊目標時的硬度及勁力（圖 113、圖 114）。

　　【實戰運用】

　　由警戒樁式起做劈踢動作。對手以左腳在前，揮動前手進攻我方面部，並企圖起腳踢擊。我方在移位中抬起前手封住對手手臂，同時以前腳踩踏對手欲踢之前腳。對手被迫收式時，我方緊接著以前腳猛劈對手頭、頸部（圖115～圖 117）。

圖 115

圖 116

圖 117

由警戒樁式起做劈踢動作。對手以左腳在前，並以前腳進攻我方腹部。我方快速移步，前腳提膝格擋對手攻擊之前腳，同時，後腳突然劈踢對手頸部（圖 118～圖 121）。

圖 118

圖 119

圖 120　　　　　　　圖 121

　　由警戒椿式起做劈踢動作。對手以左腳在前，並以後手揮擊我方頭部。我方移位，憑借腳腿的勁力直接踢擊對手手臂。對手被迫收手，我方緊接著向對手外側移近，後腳猛擺起，攻擊對手頸部或背部（圖122～圖125）。

圖 122

圖 123

圖 124

圖 125

由警戒樁式起做劈踢動作。對手以右腳在前時，我方前手佯攻對手面部。對手上抬手臂防護時，我方前腳猛踢對手腹部。對手降低姿勢躲閃時，我方由前踢腳猛然砸擊對手頸、肩部位（圖126～圖129）。

圖 126

圖 127

圖 128   圖 129

　　由警戒樁式起做劈踢動作。對手以左腳在前並撲向我方，我方被迫摟纏住。對手企圖肘擊我方面部，我方屈臂格擋時，被對手扭纏倒地，我方順勢右腳猛劈砸對手頭部或胸、腹部（圖 130～圖 133）。

圖 130

圖 131

圖 132

圖 133

三、側　踢

【動作】

　　由警戒樁式起做低段側踢動作。身體適度放鬆，保持警覺，身體重心移至後腳，同時前腳提起，用力擰腰調髖，猛然踢向身體前側下方。前腳踢出時，後腿膝稍屈，以利於平衡和保持身體傾斜。然後迅速恢復警戒樁式（圖134～圖136）。

圖 134

圖 135

圖 136

由警戒樁式起做中段側踢動作。身體適度放鬆，保持警覺，身體重心移至後腳，同時前腳提起，用力擰腰調髖，快速直線突擊而出。前腳踢出時，後腿膝部稍屈，以利於身體平衡。然後迅速恢復警戒樁式（圖 137～圖139）。

圖 137

圖 138

圖 139

　　由警戒樁式起做上段側踢動作。身體適度放鬆，保持警覺，身體重心移至後腳，同時前腳提起，用力擰腰調髖，向前、向上快速推進或突擊。踢擊時，後支撐腿稍屈膝，以利於身體平衡。然後迅速恢復警戒樁式（圖 140～圖 142）。

　　由警戒樁式起做移位側踢動作。身體適度放鬆，保持警覺，前腳前移約 7～8 公分，並帶動後腳向前移動，提起前腳，向前快速推進或突然擊出。在支撐腳穩固狀態下，

圖 140

圖 141

圖 142

前腳便可起腳踢出。踢出腳的瞬間，猛然擰腰合髖，助以產生爆發力，勁力達到腳全掌、腳跟、腳外側部位。然後迅速恢復警戒樁式（圖143～圖146）。

圖 143

圖 144

圖 145

圖 146

　　由警戒樁式起做轉身側踢動作。身體適度放鬆，保持警覺，身體重心移至前腳，身體後轉，自然提膝，以身體轉動與轉動前腳、前掌之合力將後腳猛然踢出。動作時支撐腿稍屈，以利於控制身體平衡，動作快速流暢。收腳時迅速恢復警戒樁式（圖147～圖149）。

圖 147　　　　　　　　　　圖 148

圖 149

　　由警戒樁式起做內側踢動作。身體適度放鬆，保持警覺，身體重心移至後腳的同時，前腳提起，向後上方撩踢出。做動作時支撐腿稍屈膝，以使身體稍後傾，擰腰調髖，給踢出的腳產生勁力，勁力達於腳全掌或腳後跟。然後迅速恢復警戒樁式（圖150～圖152）。

圖 150

圖 151

圖 152

由警戒椿式起做地趟側踢動作。身體適度放鬆,保持警覺,降低姿勢,由高跪姿勢側倒,前腳借手掌撐地的彈性快速踢出。然後迅速恢復低位警戒椿式進行防護(圖153～圖155)。

【說明】

截拳道分為從警戒椿式側踢和移動側踢兩種情況。踢擊力應達腳全掌,腳跟或腳外側。

圖 153

圖 154

圖 155

如果先於對手施用側踢的話，可以先行控制或擊跌對手。它除了用作攻擊外，同樣可以防守對手的進攻。

在截拳道的各種踢法中，側踢法是施用次數最多的踢法之一。

側踢也是腳踢法中的重點和難點。運用得嫻熟，在搏擊中可以用側踢阻截，化解對手的進攻，並作為典型的踢擊動作，在阻截對手進攻的同時反擊對手。

正確的側踢不僅具有殺傷力和攻擊力量，其攻擊距離也較長。特別是進攻的目標為對方小腿、膝部和小腹部位，這些部位較易受到攻擊，對方常常難以防護。

側踢在一般情況下用前腳踢擊居多。

中距離踢擊目標、距離判斷要準確，動作必須迅猛、果斷、才能有效擊中目標而不遭對手反擊。

目標距離較遠時，可以借助移動步法和身體的前衝慣性，迅速勇猛地踢擊。

轉身踢出後腳的側踢動作要求較高，不僅要踢擊動作熟練，還必須具備良好的柔韌性、動作協調能力，以及對目標擊打時機、空檔、距離的判斷把握能力。

移動側踢時，兩腳分開要平行站立。若以左腿支撐平衡時，右腳抬離地面約 20 公分，然後右腳用力向下踩踏，使全身從地面上彈起 2.5 公分左右。身體的內部力量全集中於腳上，感覺上好似水正流過右腿；當右腳向下踩踏時，便使出全部勁力，猶如水之噴射而出；猛地彈起，好似水爆炸似地濺起。然而，做這一動作前一定要充分活動身體，否則容易造成腿腳損傷。

　　踢打招式熟練掌握以後，在實戰搏擊運用中，應當自然而然，不拘於形式，但必須保持攻擊勁力與速度，防守嚴密。

【要領】

● 腳踢時，注意身體重心和平衡，以免在激烈的搏擊中失去平衡控制能力；

● 平衡控制包含著對身體重心的控制。加之對身體傾斜狀態下的控制能力和運用能力，可以使動作變得容易、輕鬆；

● 身體傾斜時，不能允許手腳動作僵硬而影響平衡；

● 增強做動作前的警覺性，培養有意圖地擊中目標的意識；

● 理解動作順序、動作路線和踢擊著力部位；

● 減少不必要的動作，避免肌肉緊張而導致動作僵硬；

● 適度放鬆，以適當的放鬆或緊張體會運動感覺；

● 以最佳的姿勢保留體力，形成持久不衰的耐力。

● 正確的姿勢和身體的慣性將使動作靈活、順暢、快速；

● 克服動作的遲疑或瞬間產生的極微妙的靜止的狀況發生；

● 擰腰、屈膝，調動髖關節時先內收，踢擊時充分展髖、送髖；

● 支撐腳踝關節緊扣。

【訓練方法】

1.踢法練習

掌握正確的動作技術，進行多次重複練習，逐步提高
腳踢的熟練程度。

初練時動作可以放慢一點，待身體素質與動作技術進
步後，再加快腳踢動作的頻率，並注意腰腹肌的運動。

配合動作訓練的呼吸循環均勻。欲施用踢擊時，由警
戒樁式時吸氣，兩拳沉肘防護，腰部蓄勁，在一腳支撐身
體、一腳欲踢出的瞬間，腰背中勁氣突透，身軀之力發於
腳上。

進行快速側踢———速射練習。兩腳平行站立，身體
重心移至左腳，身體向左傾斜，右腳向右做側踢，快速調
整姿勢，收回右腳，改為左腳側踢。右腳在收回著地之
前，左腳就應側踢而出。左
腳收回，右腳再踢出。這樣
重複練習多次，動作越快越
好。在訓練一段時間後，便
會覺得能夠流暢自如地完成
動作（圖156～圖160）。

練習時間 3 分鐘為 1 組。

圖 156

圖 157

圖 158

圖 159

圖 160

2.器械練習

（1）高抬腿　由助手持一長棍橫抬練習者棍與腰部同高。練習者站立離棍約 1.5 公尺的位置。練習者高抬右腿並彎曲，傾斜身體向左側靠，頭也向左傾斜，然後右腿跳過橫棍，使左腿從橫棍上通過。以此方法訓練高位抬腿，直到提至棍使腿不能通過為止。然後訓練向空中高位側踢（圖 161～圖 163）。

（2）紙靶　由警戒椿式起側踢吊於身體側前上方的紙靶。踢擊動作要迅速有力，猛然鞭擊擊破紙靶。

初練習者動作稍慢一些，在熟練的基礎上，加快踢擊速度與加強勁力。

練習 100 次為 1 組。

（3）沙袋　側踢 30 公斤左右重量的沙袋。踢擊時注

圖 161

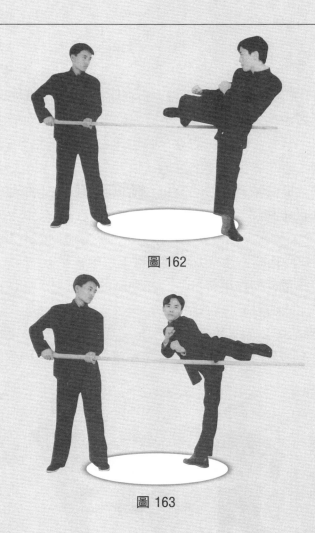

圖 162

圖 163

意是踢擊還是推擊。如果是踢擊，要踢出腳的鞭打滲透勁力，每次踢擊沙袋均用盡全力去踢打，鍛鍊踢打的爆發力。踢打沙袋可以體會動作中擰腰合髖的勁力，並把握踢擊動作的正確性（圖164～圖166）。

圖 164

圖 165

圖 166

練習 3 分鐘為 1 組。

（4）木人樁　踢打木人樁訓練，可直接進行踢打截擊的練習，並注意從不同的距離、角度出腳，配合手法或其他技術進行訓練，有助於練習者實戰能力的提高。

開始踢打木人樁時要量力而行，不能一味求狠，要循序漸進。

【實戰運用】

由警戒樁式起做側踢動作。對手以左腳在前時，我方佯攻，分散對手注意力。對手上抬手臂準備格擋，我方快速移動近身，前腳提起，猛力側踢對手膝關節部位（圖 167～圖 169）。

圖 167

圖 168

圖 169

由警戒椿式起做側踢動作。對手以右腳在前時，我方揮手攻擊對手面部。在對手抬手防護同時，我方快速移位，前腳猛力側踢對手小腿部位（圖170～圖172）。

圖 170

圖 171

由警戒樁式起做側踢動作。對手以左腳在前時，我方一邊移位，一邊注視對手反應。在對手後退時，我方看準時機，把握距離，前腳快速踢擊對手胸、腹部（圖173～圖175）。

圖 172

圖 173

圖 174

圖 175

　　由警戒樁式起做側踢動作。對手以右腳在前，以中等
距離站立時，我方揮手，分散對手注意力並自我防護。對

圖 176

圖 177

手前手上抬格擋，我方快速進一步，同時前腳突起踢擊對
手腰肋部（圖176～圖178）。

圖 178

圖 179

　　由警戒樁式起做側踢動作。對手以左腳在前時，我方
移動並揮手攻擊對手頭部。這一佯攻的動作未使對手有太

圖 180

圖 181

大反應，我方突然前腳踢向對手面部，給對手一記痛擊
（圖179～圖182）。

圖 183

　　由警戒椿式起做側踢動作。對手以右腳在前並揮手進攻，企圖撲向我方。我方稍後退避開對手，移動前腳，快速阻截並踢擊對手小腿，迫使對手停下來（圖 183～ 圖 185）。

圖 184

圖 185

　　由警戒樁式起做側踢動作。對手以左腳在前，突然以後腳前踢進攻。我方迅速移動，前腳提起，瞄準並阻截對手攻擊之腿部，在阻截同時，起腳側踢對手腿部（圖186～圖188）。

圖 186

圖 187

圖 188

由警戒樁式起做側踢動作。對手以右腳在前，並降低身體重心，以前手攻打我方。我方迅速避開對手攻擊，在躲避同時，前腳猛力截踢對手小腿（圖189～圖191）。

圖 189

圖 190

圖 191

　　由警戒樁式起做側踢動作。對手以左腳在前時，我方前手佯攻對手頭部，對手上抬手臂防護。同時我方前腳與身體左轉，右腳快速提起內扣，踢擊對手襠部（圖 192～圖 195）。

圖 192

圖 193

圖 194

圖 195

　　由警戒椿式起做側踢動作。對手以右腳在前，並揮手進攻我方。我方前手虛晃，格擋對手攻擊，同時判斷距離並快速移動，前腳猛力側踢對手面部（圖 196～圖 198）。

圖 196

圖 197

　　由警戒椿式起做側踢動作。對手以左腳在前時，我方前手佯攻對手頭部。對手抬臂格擋，使身體中段防護出現破綻，我方前腳擰轉帶動身體左轉，後腳提起，快速轉身，側踢對手胸、腹部（圖199～圖202）。

圖 198

圖 199

截拳道 **腳踢** 技法

圖 200

圖 201

圖 202

由警戒樁式起做側踢動作。對手以右腳在前，並揮手攻擊我方頭部。我方沉著躲閃，同時支撐腿屈膝，身體側跌，前腳猛力側踢對手前腿膝關節，阻截對手的攻擊（圖203～圖205）

圖 203

圖 204

圖 205

四、勾　踢

【動作】

　　由警戒樁式起做上段勾踢動作。身體適度放鬆，保持
警覺，身體重心移至後腳，在後腳掌轉動的瞬間，以前腿
膝部平提與身體由放鬆至猛然發力之力，合腰擰髖，快速
向上、向前勾踢而出，勁力達於腳尖、腳背和腳前掌。然
後迅速恢復警戒樁式（圖 206～圖 209）。

圖 206

圖 207

圖 208

圖 209

第四章 截拳道腳踢技法

圖 210

圖 211

圖 212

　　由警戒樁式起做中段勾踢動作。身體適度放鬆，保持警覺，身體重心移至後腳，在後腳掌轉動的瞬間，前腿以膝部平提與身體放鬆而猛然發力之力，合腰擰髖，快速向前勾踢而出，勁力達於腳尖、腳背和腳前掌。然後迅速恢復警戒樁式（圖 210～圖 213）。

圖 213

圖 214

圖 215

圖 216

由警戒樁式起做下段勾踢動作。身體適度放鬆，保持警覺，身體重心移至後腳，後腳掌轉動的瞬間，前腿以膝部平提與身體放鬆而猛然發力之力，合腰擰髖，快速向下段勾踢而出，勁力達於腳尖、腳背和腳前掌。然後迅速恢復警戒樁式（圖214～圖217）。

圖 217

由警戒樁式起做移位勾踢動作。身體適度放鬆，保持警覺，前腳前移7.5 公分，後腳隨即併步或快速跟進。在後腳著地的瞬間，前腳膝部平提，擰腰展髖，快速踢出。踢擊時身體後傾，以利於動作重心保持平衡。在後腳著地時，腳勾踢應已收回。在勾踢動作快速完成時，迅速恢復警戒樁式（圖 218～圖 221）。

圖 218

圖 219

圖 220

圖 221

勾踢是截拳道中動作敏捷、速度較快的踢法，也是一種主要的踢擊法，踢打目標的擊中率也較高。

勾踢在擊打目標時雖然勁力不是很大，但在打算施用前腳踢擊時，發現與目標非常接近，具有更多的出腳勾踢的機會，則可以考慮在中距離搏擊時以勾踢進行安全的踢打。

搏擊時使用勾踢的好處是起腳迅速，不會暴露進攻意圖，而且在反擊中也是一種較好的腳踢法。

勾踢法中勁力稍有欠缺，因而在踢打目標時，應選擇對手的脆弱部位。

中距離施用勾踢時，可以靈活自如地進攻，目標為對手頭、頸、腹、肋等部位；有時還可以踢擊襠部，但卻很少用來踢擊腿部，因為，勾踢腿部的效果不好。這是由於腳在擺動踢擊的時候距離較短，無法產生足夠的力量。

運用勾踢進行攻擊的要求也比較高。因為用它在實施攻擊動作時極易失去平衡，攻擊的勁力會因平衡問題而減低。因而在攻擊目標為上段時，一定要把握好時機和距離，否則會使自己明顯露出破綻而為對手所乘。

攻擊時，應合理運用髖關節的外展，使動作得以協調完成。攻擊時要快踢快收，給擊打的目標造成威脅。在收腳時要借助動作中的彈性以鞭勁收回，或降低重心，借助慣性收回。

勾踢擊打的勁力應達於腳尖、腳背和腳前掌。

連續攻擊的成功，決定於移動的步法。對手若遭到首

次攻擊而失去身體平衡時，我方切勿使對手有恢復身體平衡的機會。

如果遭遇強勁對手時，應配合虛招等攻擊戰術，以便抓住時機施用勾踢法。

從觀察中察覺對手的弱點，傾盡全力對之實施攻擊。

動作的施用應準確，在動作之間必須保持身體重心的平衡。

【要領】

• 充分做好準備活動，才可以進行勾踢法訓練；

• 用心體會技術要領，直至輕鬆自如地掌握動作；

• 身心自然，精神與肉體可以最大速度協調運動；

• 連續動作的身體曲線移動非常需要突然而劇烈的方向變換；

• 克服做動作時心理上的遲疑；

• 出腳踢打和收腳動作須流暢、快速；

• 提腳屈膝時，控制身體重心的平衡；

• 體會髖關節在動作姿勢中的合與展；

• 疲勞時盡量不做複雜動作；

• 踢腳需要良好的柔韌性；

• 不斷的訓練旨在鍛鍊運動神經，培養耐久的勁力。

【訓練方法】

1.踢法練習

初訓練時，可以扶握物體進行勾踢動作練習。

由警戒樁式的姿勢最大限度地保持馬步，以利於踢法

完成。動作尚未熟練時，可以把動作分解練習，接著再連貫起來練習踢法。訓練要由慢至快，克服急於求成心理，並注意克服影響踢法完成的各種因素，像動作緊張、僵硬等，都會影響踢法技術的提高和進步。

精神與身體動作的配合，能促使動作技術水準快速提高。反覆多次的訓練，將使日後的動作更加靈巧、敏捷、正確，並能克服初練時的生硬僵滯狀態，形成流利順暢的腳踢法。

熟練掌握腳踢動作，學會運用全身的合一勁力實施腳的發力踢擊，借助身體重心的控制與穩固彈性完成動作。

對於訓練難度較大的動作要量力而行，循序漸進，逐漸加大運動量。訓練結束後，要注重身體放鬆活動，切勿因訓練過於勞累而造成傷害。

練習時間根據個人情況自行確定。

2.器械練習

（1）紙靶　做完準備活動之後，即進行勾踢紙靶練習。應當用正確的踢擊方式，進行全力踢擊，不出現多餘的預兆動作。嘗試配合步法、手法或其他技術訓練。

練習 5 分鐘為 1 組。

（2）沙袋　由警戒樁式起勾踢輕型沙袋。把沙袋假想成對手，注意踢打動作的隱蔽性，還要注意腳踢與沙袋的接觸面。踢擊要準確快速完成動作，還可以配合其他手法、步法進行練習（圖 222～圖 225）。

練習 3 分鐘為 1 組。

圖 222

圖 223

圖 224

圖 225

（3）速度球　踢擊速度球，初練時可能不太容易把握，動作會有些不準確、彆扭。可以先進行速度稍慢的踢擊，並適當把握速度球的高低。進度逐漸提高時，可以進行快速踢擊，突然踢擊或連續踢擊訓練（圖 226、圖 227）。

圖 226

圖 227

速度球的踢擊訓練可以迅速提高練習者勾踢的準確性和控制動作的能力、踢擊的速度等，培養在勾踢法運用中對於時機、距離、準確性的判斷和把握。

訓練一段時間後，自會覺得動作變得輕巧、快速、順暢。

（4）木人樁　踢打木人樁有助於訓練水準更加適應於實戰，並可運用戰術、步法進行混合訓練，提高攻防練習的效率。

與其他技術訓練一樣，初運用勾踢時，注意與木人樁的接觸面及用力的大小。訓練中如能控制好距離與動作準確性，便可進行突然勾踢、連續踢擊訓練。

練習3分鐘為1組。

訓練中要左右腳交替練習，訓練運動對身體的均衡適應。

【實戰運用】

由警戒樁式起做勾踢動作。對手以右腳在前時，我方移步前踢，佯攻對手膝部。對手下落手臂防護，我方在對手身體上部出現空隙時，前腳快速提起，勾踢對手面部（圖228～圖231）。

圖 228

圖 229

圖 230

圖 231

圖 232

圖 233

　　由警戒樁式起做勾踢動作。對手以左腳在前時，我方降低身體重心，並以前腳佯攻對手下段身體部位。對手被迫前手下移防護，我方同時提腳佯攻，然後快速屈膝勾踢對手頭部（圖 232～圖 235）。

圖 234

圖 235

圖 236

由警戒樁式起做勾踢動作。對手以右腳在前時，我方揮手佯攻對手頭部。對手警覺地抬起前手防護，我方在對手身體中段露出破綻時，移動前腳，猛然勾踢對手胸、腹部位（圖236～圖239）。

圖 237

圖 238　　　　　　　　圖 239

　　由警戒椿式起做勾踢動作。對手以左腳在前，並以前手揮擊我方頭部。我方移位，前手猛抓對手揮擊的手臂，前腳順勢向對手腹部或襠部勾擊一腳（圖 240～圖 243）。

圖 240

圖 241

圖 242

圖 243

圖 244

圖 245

　　由警戒椿式起做勾踢動作。對手以右腳在前撲向我方。我方後退，注視對手反應，前腳突然側踢對手腹部。在對手被阻止時，我方支撐腿跪地同時，前腳再勾踢對手襠部（圖 244～圖 247）。

圖 246

圖 247

五、掃　踢

【動作】

　　由警戒樁式起做掃踢動作。身體適度放鬆，保持警覺，前腳快速提起，擰腰展髖，向前、向上、向後掃出，掃出時腳的路線呈瞬間小弧度，勁力達於腳後跟或腳外側，然後迅速恢復警戒樁式（圖248～圖250）。

圖 248

圖 249

圖 250

圖 251

圖 252

圖 253

由警戒樁式起做掃踢動
作。身體適度放鬆，保持警
覺，前腳前移 7～8 公分，在
準備踢出時後腳跟進，前腳提
起快速踢出，腳的路線在向上
至頂端時循小弧度，收腳和出
腳幾乎都是垂直的，勁力達於
腳後跟或腳外側，收腳同時迅
速恢復警戒樁式（圖 251～圖
254）。

圖 254

【說明】

掃踢在截拳道中很少採用，其主要用來踢擊的目標為頭部，對身體的靈敏性、柔韌性要求也較高。

運用掃踢時一般均為出奇不意的突出，從而給對手以意外打擊。

搏擊中，對手在前腳前伸的情況下，就妨礙了其他踢法的進攻路線，此時使用掃踢，能有效擊中對手，並避開對手前伸的腳。

掃踢攻擊的勁力不大，因此，在踢法中較少採用。如果使用，還必須學會控制身體平衡。動作要突然、準確、快速。

任何動作均應先從正確把握做起，然後再追求力量與速度的快捷。

攻擊中把握住利於自己攻擊的空檔，在防護姿勢調整時，身心需保持隨機應變的高度警覺性，以防對手的攻擊。

無論何時，前腳應保持輕觸地面，越輕越好。如果重心移於前腳過多，攻擊時必先移動重心至後腳，這樣就容易使對手察覺。

欲使掃踢奏效，只有不斷將重心由一腳移換至另一腳，這就需要身體有極佳的平衡控制能力。

搏擊對抗中運用掃踢必須做到以下幾點：

- 保持沉著；
- 隨時調整腳踢的高度；
- 起腳踢擊動作要精練、快速；

- 與手法的配合；
- 準備瞬間攻擊；
- 直接攻擊目標。

【要領】

- 由警戒椿式開始，保持警覺心；
- 做動作時注意踢出路線和動作過程；
- 提腳和踢擊動作應連貫、準確；
- 移動中體會平衡的主動破壞；
- 不能把提腳和踢擊分兩次做完；
- 身體的擰轉配合髖關節的外展；
- 精神與技法的貫通合一；
- 放鬆心靈，緩解緊張情緒，增強動作效率；
- 隨時動作，修正自我；
- 無須以蠻力實施踢擊；
- 速度和柔韌性完全統合時才會發揮出踢擊勁力；
- 以平常心完成動作；
- 攻擊時決不能閉眼或恐懼；
- 注意如何防守。

【訓練方法】

1.踢法練習

進行掃踢訓練，必須具備下肢的柔韌性。在準備活動完成後開始踢法動作練習，動作不能分解開來做。每次踢法的練習要連續做完。

在教練員指導下練習踢法，並留意有無錯誤出現，如

有，則應及時發現並自我糾正。

由樁式出腳踢擊，腰部要挺，胸、腹含蓄，後腳踏地支撐，腿要挺直。前腳踢擊，向前、向上、向後循弧形，要擺掃出鞭勁。配合身體的擰轉，突發勁力。練功中注意意、勁、氣的結合，動作靈敏，剛柔相濟。

訓練結束時，緩慢做些動作，放鬆緊張的肌體，逐漸恢復正常狀態。

2.器械練習

（1）紙靶　由警戒樁式擊打懸吊於與頭同高的紙靶。練習中體會掃踢動作的路線，把握距離，控制動作的準確程度，也可以配合其他技術訓練（圖 255、圖 256）。

練習 5 分鐘為 1 組。

圖 255　　　　　　　　圖 256

　　（2）沙袋　掃踢輕型沙袋練習。由靜止狀態下出腳掃踢，到移位掃踢沙袋。掃擊時，留意腳與沙袋接觸面以及勁力、動作正確性（圖257、圖258）。

　　訓練中認真體會動作技術要領，動作應由慢到快。

　　練習3～5分鐘為1組。

　　（3）腳靶　由警戒樁式起掃踢助手所持與頭同高的腳靶。同時注意踢擊路線、距離的判斷。進行從靜止到移位踢擊腳靶練習，鍛鍊腳踢的靈巧性與變化能力。

　　每組掃踢數次。

　【實戰運用】

　　由警戒樁式起做掃踢動作。對手以左腳在前時，我方降低重心佯攻，逼近對手下段身體區域。對手快速下落防護手，我方在誘使對手上身防護出現空虛時，前腳突起，

圖 257　　　　　　　　　　　圖 258

圖 259

圖 260

衝過對手另一防護手猛一掃踢（圖 259～圖 262）。

　　由警戒椿式起做掃踢動作。對手以右腳在前，並以前腳踢擊。我方後退閃避，並注視對手動作，在對手收腳時，我方快速輕巧地側步移閃，前腳提起，看準對手面部猛力踢掃（圖 263～圖 266）。

圖 261

圖 262

圖 263

圖 264

圖 265

圖 266

截拳道 **腳踢** 技法

　　由警戒椿式起做掃踢動作。對手以左腳在前並揮手攻擊，我方移動，頭部躲閃，前手注意防護，前腳快速側踢對手膝關節。對手停止攻擊時，我方收腳，快速掃踢對手頭、頸部（圖267～圖270）。

圖 267

圖 268

圖 269

圖 270

　　由警戒樁式起做掃踢動作。對手以右腳在前，並以前
手攻擊我方胸、腹部位。我方移位，前手屈臂格擋，後手
緊接屈肘突刺對手面部。對手被迫後仰閃時，我方把握時
機，前腳猛掃踢對手頭部（圖 271～圖 274）。

圖 271

圖 272

圖 273

圖 274

六、旋　踢

【動作】

　　由警戒樁式起做旋踢動作。身體適度放鬆，保持警覺，前腿稍屈膝，以前腳掌為支點，後腿保持屈膝的同時，控制身體重心平衡，後腳抬起，快速旋轉 180°後彈性踢出，勁力達於腳跟或腳全掌。然後迅速恢復警戒樁式（圖 275～圖 278）。

圖 275

【說明】

　　截拳道的旋踢在施用時應謹慎。它也是較難掌握的踢擊法之一。

圖 276

圖 277

圖 278

　　旋踢是一種用於戰術性反擊的踢打方法。

　　截拳道指出，旋踢多為技法精純者施用。這主要是做此動作時，須借助身體旋轉發力，不僅需要在動作中學會控制重心、把握平衡外，在踢擊的瞬間是背向對手的，它對於目標攻擊的判斷要求也比較高，常有可能把握不住踢打目標。因為在旋踢動作中背向對手，視覺幾乎看不到目標。

　　雖然截拳道中以右腳在前的姿勢居多，而用左腳（即後腳）進行踢打在截拳道的踢法中比較少，但這種情況不應一成不變地採用，在訓練和實戰中還是強調因地制宜，隨機應變。

在戰術運用中，反攻時通常採用旋踢，用這種踢法來對付直線進攻而距離不太近的對手特別奏效。

當對手處於防守或者將進行反擊時，則很少採用此類踢法。

對手如果是個老手，可以運用戰術結合旋踢破壞他的防守。

旋踢一般用作上段擊打，攻擊目標多為頭部，也可以攻擊腹、肋或膝關節等部位。

旋踢作為一個技術動作進行訓練時，均應使左右腿交替練習。

在使用虛招時，應做好準備動作，並觀察對手的反應。

用旋踢進行反擊，是在對手攻擊時的反擊動作，應善於利用對手攻擊的一瞬間所出現的反擊機會。

運用戰術需要冷靜的判斷，洞悉先機，緊緊抓住對自己有利的機會，以達到搶占先機的目的。

【要領】

● 從警戒樁式起做旋踢動作時，應以準確的動作為基礎；

● 以頭部的旋轉為重點，促進轉身動作的速度的提高；

● 旋轉時的支撐點，應在右腳的前腳掌上；

● 敏銳地感受身體重心的破壞，迅速恢復身體的平衡；

● 腳隨身體的旋轉同時踢出；

- 把握旋踢中對時機和距離的感覺；
- 減少提腳擺晃動作，減少其他不必要的動作；
- 身體放鬆，保持自然狀態；
- 善於利用身體的慣性，克服各種阻力；
- 動作的擰轉移動非常需要與突然的方向變換相配合；
- 肌肉不要緊張，以免破壞了動作的靈敏性；
- 做動作時切忌遲疑；
- 視覺集中在目標上。

【訓練方法】

1.踢法練習

由警戒樁式起做旋踢動作。以前腳腳掌為軸擰轉身體，注意控制身體轉動中的平衡，踢出的腳要連貫快速。轉動身體時要以頭部為重點，並訓練頭部在轉動中抗眩暈的能力。

掌握熟練的技術後，進一步把握身體的放鬆、頭部與身體的旋轉速度、腳踢的勁力等要點。

腳踢的勁力要配合腰的擰轉，腰部又是發勁的始點。準備踢出後腳時應做到腹部儲氣，腰背換勁，胸部閉實、沉肩、收臀、挺腿、調胯，快速擊出。

訓練腳踢發勁時，必須先做到旋踢動作準確無誤，再逐步提高速度，注意主動破壞身體平衡和迅速控制平衡的動作要點。

結合手法、步法或其他技術進行訓練。

2.器械練習

（1）紙靶　由警戒樁式起做旋踢紙靶練習，以提高腳踢的準確性和勁力。以懸吊的紙靶為目標，由靜止狀態下起腳攻擊。初習時可能不太容易把握目標或者動作速度較慢。但不必急於求成，應在訓練

圖 279

中先做到動作姿勢準確，再訓練腳踢速度（圖 279～圖 281）。

圖 280　　　　　　圖 281

練習 3 分鐘為 1 組。

（2）沙袋　練習的沙袋用輕型的或重型的均可。旋踢沙袋時要集中精神。選擇沙袋上某一點作為攻擊目標，在旋轉踢擊時努力準確擊打打算踢擊的那一點，在鍛鍊腳踢勁力的同時也鍛鍊踢擊的準確性，以及對時機、距離的把握能力（圖 282～圖 285）。

圖 282

圖 283

圖 284

圖 285

　　旋踢作為一種突擊性的戰術踢法,需要經常練習,並以練習空踢為主,以此提高踢法的熟練程度。

　　還可以選擇其他訓練方法配合訓練,增進旋踢的效率。

【實戰運用】

　　由警戒樁式起做旋踢動作。對手以左腳在前時，我方前手出掌，佯攻對手襠部。對手防護手快速下落格擋，並移位閃避我方的攻擊。我方移動，看準對手頭部防守虛弱，猛然轉身起腳旋踢（圖286～圖289）。

圖 286

圖 287

圖 288

圖 289

　　由警戒樁式起做旋踢動作。對手以右腳在前時，我方前手假動作引誘對手。對手正在遲疑，我方以右腳為軸，在前手即將收回時，後腳隨即旋踢（圖 290～圖 294）。

圖 290

圖 291

圖 292

圖 293

圖 294

　　由警戒樁式起做旋踢動作。對手以左腳在前時，我方以前踢攻擊對手腹部。對手起腳欲截擊，我方先於對手的動作收回前腳，在收腳時踏地擰轉身體，在對手尚未收腳時發動一腳旋擊（圖 295～圖 299）。

圖 295

圖 296

圖 297

圖 298

圖 299

　　由警戒椿式起做旋踢動作。對手以右腳在前，並以前手攻擊我方面部。我方後退，同時以前腳側踢阻截對手的攻擊。對手收式時，未等對手動作完成，我方前進一步，把握距離，前腳穩固支撐撑轉，後腳旋踢對手胸、腹部（圖300～圖304）。

圖 300

圖 301

圖 302

圖 303

圖 304

七、擺　踢

【動作】

　　由警戒樁式起做擺踢動作。身體適度放鬆，保持警覺，前腳為支撐腿，輾轉踏地，在後腳即將前移的同時提

圖 305

圖 306

圖 307

膝，擰轉腰髖擺掃踢出。然後迅速恢復警戒樁式（圖305～
圖307）。

【說明】

截拳道的擺踢吸收了泰拳的技術特點，是一種攻擊勁
力稍強的掃腿法。截拳道一般主張擺踢用後腿踢擊，但是
根據靈活施用的原則，也可以運用前腿擺踢攻擊。

擺踢攻擊的路線稍長，其踢掃勁力猛烈，速度上卻稍
遜色。

從截拳道的觀點看，擺踢動作和手法中的後手直拳差不多，是從遠距離發出摧毀性的一擊。泰拳也主張此類腿法運用時應全力集中踢擊，不預留動作，以增加踢掃的力量。

擺踢的攻擊目標一般為胸、腹、頭部，在條件允許下也可以攻擊身體下段目標，腳踢的勁力達於腳背至脛骨中部，有時也可用腳尖或腳前掌踢擊。

擺踢作為重擊腳踢法，應做到以下幾點：

- 移步要輕巧，主動或被動地做好防護和攻擊動作；
- 給予對手摧毀性的攻擊；
- 注意速度；
- 放鬆和自然地做動作；
- 使用引誘對手的虛招；
- 封阻對手的攻勢，確定攻擊路線；
- 從容不迫進攻。

【要領】

- 注意踢擊的動作路線、目的和作用；
- 適度放鬆和保持警覺之心；
- 支撐腳踏地輾轉；
- 身體的擰轉；
- 髖部合理外展；
- 在做動作時準確把握速度、變化和勁力；
- 在靜止或移動中出腳，均應保持身體的瞬間平衡能力；
- 腳踢時，支撐腿稍屈膝；

- 踢擊動作呈大弧線形；
- 柔韌性良好；
- 動作直接、精練；
- 由警戒樁式開始和結束動作。

【訓練方法】

1.踢法練習

做擺踢時，身體適度放鬆，發揮最大限度的肌體能力，以良好的精神狀態進行訓練。

重複訓練擺踢、空腿踢擊和收式動作，並注意動作速度、變化和勁力。假想踢擊對手上、中、下三段目標。

動作熟練之後，練習在移動中的出腿。

擺踢時支撐腳輾轉踏地穩固，揮出之腿腳向前衝掃，全身勁氣合一，沾實展放。腰部在動作中轉折產生擰勁，增大全身上下連接的勁力。塌腰逼腎收臀挺腿，迫使勁氣下注於腿，與湧泉相交，堅固膝關節。

2.器械練習

沙袋　由警戒樁式起做擺踢沙袋訓練。根據自己的實際水準，制定訓練計劃。踢打沙袋時，要控制出腿高度和變化，進行在靜止狀態下出招到移動中出招的擺掃踢沙袋練習。

熟練掌握踢法後，進行變化方向移動出腿擊打沙袋練習，把沙袋假想成對手實施攻擊（圖308～圖310）。

配合其他訓練方法練習腳踢法。

圖 308

圖 309

圖 310

【實戰運用】

　　由警戒樁式起做擺踢動作。對手以右腳在前，並以前腳前踢進攻。我方移動前腳，提膝阻截對手的攻擊腿。對手因我方的阻擊而收腳，我方在對手收式時前滑近對手，快速以後腳揮起擺踢對手頭、頸部位（圖311～圖314）。

圖 311

圖 312

圖 313

圖 314

　　由警戒樁式起做擺踢動作。對手以右腳在前時，我方前手直拳直接攻擊對手頭部。對手上抬手臂防護閃躲，我方注視對手躲避時胸、腹部位顯出的破綻，移位，快速以後腳擺踢對手腹肋（圖 315～圖 318）。

圖 315

圖 316

圖 317

圖 318

圖 319

　　由警戒樁式起做擺踢動作。對手以左腳在前，前手進攻我方頭部。我方移位搖晃閃躲，並觀察對手薄弱處的暴露點，前手格擋防護對手，後腳猛然掃擺對手膝、腿關節（圖 319～圖 322）。

圖 320

圖 321

圖 322

圖 323

圖 324

　　由警戒樁式起做擺踢動作。對手以右腳在前時，我方前腳前踢對手腹部。對手提膝阻擋，我方收腳，注意對手變化，快速移步突進，支撐腳踏地，後腳猛然擺踢對手頭部（圖 323～圖 326）。

圖 325

圖 326

八、掃　腿

【動作】

　　由警戒樁式起做前腳掃腿動作。身體適度放鬆，保持警覺，前腳前滑 7.5 公分，身體重心下降，上體下俯，前腿放鬆，以後腳掌為支撐點，擰腰轉髖，前腳貼地快速前掃踢出，手可以扶地亦可以不扶地。然後迅速恢復警戒樁式（圖 327～圖 329）。

　　由警戒樁式起做後腳掃腿動作。身體適度放鬆，保持

圖 327

圖 328

圖 329

警覺，前腳前移 7.5 公分，身體重心下降，上體下俯，後
腿放鬆，以前腳掌為支撐點，擰腰轉髖，帶動後腳貼地快
速向後掃出，然後迅速恢復警戒椿式（圖 330～圖 332）。

【說明】

截拳道中的掃腿類似於傳統武術中的「掃蹚腿」，並
且可以用前、後腿掃踢攻擊目標。掃腿時必須降低身體重
心，還應注意以保持警戒椿式為原則的基本防護。

掃腿前掃時的用力部位為腳踝關節前側及小腿前側，
後掃腿時用力部位為腳後跟。掃腿一般用來攻擊對手的支
撐腿，意在破壞其身體平衡。腿的掃擊勁力與硬度較強的

圖 330

圖 331

圖 332

話，可給予對手以較大的傷害性。

運用掃腿的得失，取決於對速度、時機和距離的判斷與把握能力。

進攻中根據情況兩手採用扶地或不扶地的姿勢，可以促進動作快速完成。

姿勢適宜，步幅不應過寬或過窄。換步時注意速度的變化，控制身體的平衡。

掃腿並非是靜止固定的，而是在攻擊中或防守中的一個階段，故必須經常進行改變。

對手已引起高度警覺，必須調整攻擊姿勢。

務必靈活運用各種技法。

無論何種踢法，勁道的飽滿有效，取決於揮掃動作的連貫性。

由警戒樁式對對手突然出招，然後應立即恢復到警戒樁式，動作應快速、順暢。

【要領】

● 做動作時先要放鬆；

● 認真體驗動作的步驟、作用和目的；

● 避免多餘動作，盡量不要因身體的僵硬而引起慌亂和緊張；

● 注意腳的踏地擰轉；

● 擰轉腰髖與擺臂的協調；

● 腿腳掃出時，可做貼地動作；

● 保持身體重心，控制動作平衡；

● 精神與技法的貫通合一。

【訓練方法】

1.踢法練習

進行掃腿練習時，首先要理解動作的技術要點及運用目的。先進行動作分解訓練，再進行綜合練習。

訓練中不要急於求成，動作技術掌握準確後，再進行掃腿的速度訓練。

空腿訓練結束後，做一些放鬆身體的活動，以恢復疲勞。

2.器械練習

（1）沙袋　由警戒樁式起掃踢固定在地上的沙袋。初練時時間不要過長，隨著逐漸進步，慢慢增加練習時間。

掃踢沙袋時，先進行前腿掃擊練習。做腿、腳內側掃擊沙袋，然後做腿、腳外側，後側掃擊沙袋練習，以此訓練腿、腳的均衡掃擊能力和堅韌性。再做後腳掃擊沙袋練習，使腳面至小腿後部、前部得到全面鍛鍊（圖333、圖334）。

圖 333

圖 334

　　掃腿的勁力其根在腰，行於胯，主於腿，發於腳，隨機得勢，靈活有力。隨著掃腿的熟練運用，會使下盤的攻擊具有隱蔽性和突發性。

【實戰運用】

　　由警戒樁式起做掃腿動作。對手以左腳在前，並以前手揮擊我方頭部。我方抬手阻擋，注意對手姿勢變化，同時身體快速下落，前腳快速掃擊對手腿部（圖335～圖338）。

圖 335

圖 336

圖 337

圖 338

　　由警戒樁式起做掃腿動作。對手以右腳在前並前踢進攻，我方移步閃過一側。對手在踢擊落空欲收腳時，我方突然降低身姿，後腳未露預兆地猛掃對手前腿（圖 339～圖 342）。

圖 339

圖 340

圖 341

圖 342

　　由警戒樁式起做掃腿動作。對手以左腳在前，撲向我方並纏住我方摟摔。我方被迫倒地，左手屈肘撐地，在對手欲攻擊時，右腿猛掃擊對手支撐腳，可令對手重重摔倒（圖 343～圖 346）。

圖 343

圖 344

圖 345

圖 346

九、踏 踢

【動作】

由警戒椿式起做踏踢動作。身體適度放鬆，保持警覺，後腳前移，同時前腿提膝，腳尖內扣，向前、向下合臀，猛然踩踏而出，支撐腿稍屈膝。然後迅速恢復警戒椿式（圖347～圖349）。

圖 347

圖 348

圖 349

由警戒樁式起做踏踢動作。身體適度放鬆，保持警覺，後腳提起前移，同時腳尖上扣，外展45°，向前、向下猛力踩踏而出，支撐腿稍屈膝。然後迅速恢復警戒樁式（圖350～圖352）。

【說明】

踏踢又稱軋腳，其動作時向前、向下踩踏猶如刀斧，故又稱之為「斧刀腳」。

踩踏攻擊屬於腳踢法中的低位踢法。

一般情況下攔截對手進攻的腿或腳，均可採用踏踢。此類動作幅度小而快，易於變化。

圖 350

圖 351

圖 352

212

　　如果在搏擊對抗中，則適用於近距離踢擊，多在手法配合下施用，或者為其他技法運用開路引招。因此，在截拳道訓練中，不要忽視此類踢法。

　　踏踢在多數情況下，進攻目標為大腿、膝部、脛骨、下腹部位等，勁力達於腳底外側、腳跟或腳全掌。

【要領】

- 以良好的動作技術為基礎；
- 踢出腳的腳尖扣向脛骨；
- 踩踏時要猝然擊出，有脆勁；
- 支撐腿稍屈膝；
- 身體重心隨動作的移動而不斷變動；
- 與手法、步法等配合運用；
- 動作便捷、勁貫神聚。

【訓練方法】

1.踢法練習

　　進行踏踢的空腿訓練時，要注意動作的正確性。前腳踩踏應配合臀部內閉，腿尖內扣。後腳軋踢時，腳尖斜向上45°左右，展胯合髖蓄勁。

　　提膝和踏踢要連貫、順暢，以加快動作速度。

　　兩腳輪替進行練習。

2.器械練習

　　（1）沙袋　由警戒樁式起踏踢固定的沙袋或木樁均可。先由靜止狀態練習前後腳踢擊沙袋，技術熟練後，再

進行移動中的練習踢擊（圖 353～圖 355）。

圖 353

圖 354

圖 355

（2）木人樁　踏踢木人樁，練習踢法的攻防適應能力。練習中可以用前腳踏踩進攻或截擊，或用後腳練習踏踢進攻或截擊。練習中注意身體姿勢的協調，保持動作平衡。

配合其他技術訓練。

對於腳踢法訓練，首先注意腿的柔韌性和靈活性，再堅持苦練，忘卻痛苦，鍛鍊踢擊的力度、速度、硬度，才能在實戰中發揮出腳踢法的威力。

練習踢法，要遵循科學性，不能盲目蠻幹，或急於求成，否則容易在訓練中出現傷害事故。

【實戰運用】

由警戒樁式起做踏踢動作。對手以左腳在前，並以前手攻擊我方面部。我方迅速抬臂格擋，密切注視對手的動作變化，同時前腳突然提起，踩踏對手膝部（圖356～圖358）。

圖 356

圖 357

圖 358

　　由警戒樁式起做踏踢動作。對手以右腳在前時，我方以前手直拳攻擊對手面部。對手屈肘格擋，我方在將收回手時，後腳前踏，猛踩對手膝關節或脛骨（圖 359～圖 361）。

圖 359

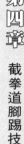

圖 360

圖 361

圖 362

圖 363

　　由警戒椿式起做踏踢動作。對手以左腳在前，撲向我方。我方沉著移步，注視對手，在稍做後移時，前腳猛踏對手膝、腿。對手被迫停止撲擊，我方收腳，順勢擒住對手，後手屈肘猛刺對手面部（圖 362～圖 365）。

圖 364

圖 365

　　由警戒樁式起做踏踢動作。對手以右腳在前時，我方未等對手反應，突然進步側踢對手腹、肋部位。趁對手未及躲閃，我方緊接著移位，後腳猛踏踢對手膝、腿（圖366～圖369）。

圖 366

圖 367

圖 368

圖 369

第二節　膝　法

　　截拳道的膝法以貼身短打為主，借鑒了傳統武術中的膝擊法，也融會了泰拳的膝招。在近距離搏擊中，充分體現了自己的特點和效率。

　　膝關節處於人體下肢運動系統的中樞環節，它不僅關係著如何施用膝技，也牽涉到腳踢法的完成。在訓練中，首先應當注意膝部關節的運動特點及運動範圍，有助於對膝技變化能力的掌握和理解。膝關節在對抗中一般處於屈膝狀態，以控制動作中身體重心的支撐力度，也有助於動作的平衡和協調。膝關節處於重心力線的中間，直接關係到膝擊法及其他動作技術的完成。

　　膝關節是人體中比較複雜的關節，由三部分組成：以

股骨的內外側與半月板上部；脛骨的內、外側與半月板下部，髕骨的關節面。關節面覆蓋著一層關節軟骨，關節囊寬而鬆厚，比較堅韌。

膝部在運動時，膝關節一般沿著兩個運動軸進行運動。從運動自由度來說，沿額狀軸做屈伸運動。經過練習，使膝部運動範圍可以達到 130°左右。在伸屈膝部時，受到膝交叉韌帶和副韌帶的壓制，不能做反伸的動作。

如果沿著垂直軸運動，可以使膝部做旋內和旋外動作，形成撞膝。

髕骨隨著膝部運動而運動。屈膝時髕骨下移，伸膝時髕骨上移，做內外旋轉動作時則不動。

截拳道膝法的實戰運用分為撞膝法和頂膝法。與其他流派的膝技比較，其技術遵循截拳道的拳理，簡捷、直接、強勁，還可以配合戰術或其他技法整體運用。

它對練習者的身體素質、精神狀態、戰術策略要求較嚴格。用膝部攻擊的目標為頭、頸、太陽神經叢、腹、肋、襠、大腿等部位。

一、撞　膝

【動作】

由警戒樁式起做撞膝動作。身體適度放鬆，保持警覺，後腳前移觸至前腳時，前腳提膝送髖，向中線前快速撞擊而出，後腳踏地，身體重心後移，支撐腿穩固，勁力達於膝尖部位。然後迅速恢復警戒樁式（圖370～圖372）。

圖 370

圖 371

圖 372

由警戒椿式起做撞膝動作。身體適度放鬆，保持警覺，後腳前移並提膝送髖，向中線前快速撞出，前腳支撐腿穩固，身體重心前移，擰腰送髖配合動作，勁力達於膝尖部位。然後迅速恢復警戒椿式（圖 373～圖 375）。

【說明】

截拳道的撞膝技術體現出由椿式起攻防合一的技法，在搏擊中也是運用較多的膝法。用膝擊不僅可以破壞對手平衡，同時也能破壞對手的有效防護。

近戰中，撞膝可以單招攻擊，可以前後撞膝連續進攻。

圖 373

圖 374

圖 375

攻擊前纏住對手或截住對手的招式，再施以膝撞。

引誘對手進入膝撞合適的攻擊距離，謹慎地找出對手的防護破綻，快速予以膝撞。

時刻注意對手，視線不能偏離對手。近戰中，必須洞察對手的表現情況。

撞膝動作中應注意保持身體平衡，控制自身重心，但也要維持某種程度的傾斜，以利於迅速恢復警戒椿式。

肌肉應保持適度的放鬆。

要使撞膝的勁力和速度得以提高，膝撞的動作與前移的步法應當相符，將身體重量向前衝撞的攻擊力凝聚於膝尖部位。

攻擊較高的目標時，必須踮起腳跟或躍起。攻擊低段目標時，支撐腿彎曲降低身體重心。

擊中目標的瞬間要發揮腰部和髖部的最大效果。

撞膝也適合在中距離對抗中使用，出招時即可提膝阻截對手的腳踢，繼而接近對手快速撞之。

根據不同情況施用不同的膝撞的攻擊線路和用勁方法。

【要領】

• 保持正確的警戒椿式和警覺之心；
• 掌握正確的撞膝動作；
• 體會膝撞的路線、著力部位，保持動作的連貫性；
• 提膝動作要自然、流暢，要一氣呵成地完成動作；
• 收腿時注意平衡的破壞與控制；
• 髖部的充分利用，使膝撞富有彈性和力道；

- 注意重心的移動；
- 動作應快速擊出和收回；
- 左右腿均可做動作；
- 精神的配合，使技法能夠高效完成。

【訓練方法】

1.膝法練習

在簡短的準備活動後，放鬆身體肌肉到一定程度，撞膝擊出動作要一出腿即收回。動作中身體各部位應協調配合，發揮整體勁力於膝、腿上。

欲使膝技在瞬間最大限度發揮作用，須進行反覆的動作訓練。

動作練習熟練後，掌握運用膝腿的用勁發力。運用時先放鬆膝關節，以利氣血貫通，膝蓋向內扣實，增強膝關節抵抗力。肩部配合動作沉肩，肘部舒展，揮腿出膝合腰撐髖，發力於膝部。

初練時在放鬆、緩慢狀態中進行，接著提高膝、腿速度，或配合步法、手法練習，使膝、腿出招熟練。

訓練時間的長短可以依個人具體情況而自行確定。

2.器械練習

沙袋　練習出膝撞沙袋，培養正確出招，應將沙袋視為對手，注意動作的隱蔽性，全力攻擊沙袋。出腿快速，收式同樣快速（圖376～圖379）。

嘗試移動步法膝撞沙袋練習，再結合其他技術綜合練

習。

練習3～5分鐘為1組。

圖 376

圖 377

圖 378

圖 379

【實戰運用】

由警戒樁式起做撞膝動作。對手以左腳在前，並以前手攻擊我方頭部。我方晃身躲閃。發現對手未繼續前進時，我方稍微移動，後腿提膝，看準對手腹、肋猛然撞刺（圖380～圖383）。

圖 380

圖 381

圖 382　　　　　　　　圖 383

　　由警戒椿式起做撞膝動作。對手以右腳在前時，我方前手佯攻對手面部。對手躲閃，我方緊接著以前腳突踢對手胸、腹部位，在收回攻擊腳時，後腳隨即前滑，攻擊對手腹部（圖 384～圖 387）。

圖 384

圖 385

圖 386

圖 387

由警戒樁式起做撞膝動作。對手以左腳在前，原防護之後手變為攻擊手進攻我方面部。我方晃動頭部，閃過對手攻擊，並用後手擒住對手出拳之手臂，前腳順勢提起，膝撞對手腹部神經叢（圖388～圖391）。

圖 388

圖 389

圖 390　　　　　　　　　　圖 391

圖 392

　　由警戒椿式起做撞膝動作。對手以右腳在前,移動前
腳勾踢我方。我方移動前腳,快速提膝阻擋對手的腳踢。
對手欲收回腳時,我方前腳落下觸地,後腳提膝,猛撞擊
對手腹部(圖 392～圖 395)。

圖 393

圖 394

圖 395

233

圖 396

圖 397

　　由警戒椿式起做撞膝動作。對手以左腳在前，撲過我方身旁，前腳提膝攻擊我方腹部。我方移步，後腳突然撞擊對手膝、腿部。糾纏中，對手又以後腳膝部頂撞我方。我方在竭力閃避的同時，前腳膝部撞擊對手起腳之腿部（圖 396～圖 399）。

圖 398

圖 399

圖 400

　　由警戒樁式起做撞膝動作。對手以右腳在前，前腳前踢攻擊。我方稍降低重心，閃躲於一側，把握時機，快速滑步繞至對手身體一側，後腳提起，未等對手收腳反應時，膝部已撞擊其背、肋部（圖 400～圖 403）。

圖 401

圖 402

圖 403

　　由警戒樁式起做撞膝動作。對手以左腳在前，撲向我方並摟抱，企圖將我方擰摔倒地。我方屈肘揮擊對手頭部，對手被迫跌倒。我方追擊過去，後腳踏地，前腳屈膝，猛跪撞對手胸、腹或頸部（圖404～圖408）。

圖 404

圖 405

237

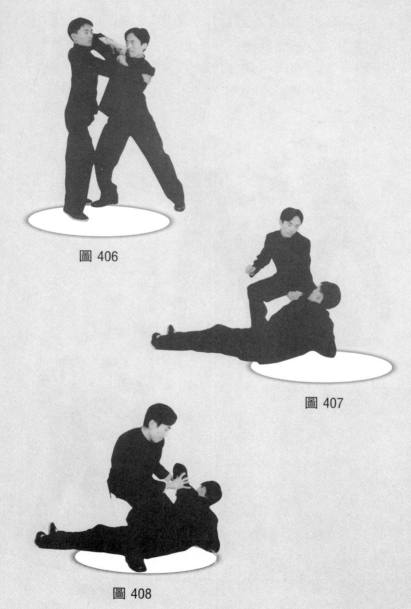

圖 406

圖 407

圖 408

二、頂　膝

【動作】

由警戒樁式起做頂膝動作。身體適度放鬆，保持警覺，後腳前移，同時，前腿屈膝快速上頂，後腳踏地，合腰送髖，重心後移，支撐身體控制平衡。然後迅速恢復警戒樁式（圖409～圖411）。

圖 409

圖 410

圖 411

　　由警戒樁式起做頂膝動作。身體適度放鬆，保持警覺，前腳踏地支撐身體，控制身體平衡，後腳前移，同時快速提膝，向前上頂出或斜角度頂出。然後迅速恢復警戒樁式（圖 412～圖 414）。

【說明】

　　截拳道的頂膝的進攻路線可分為上頂或斜頂，或從側面攻擊。實戰中，可以左右膝交替或連續攻擊，充分發揮頂膝的勁道。

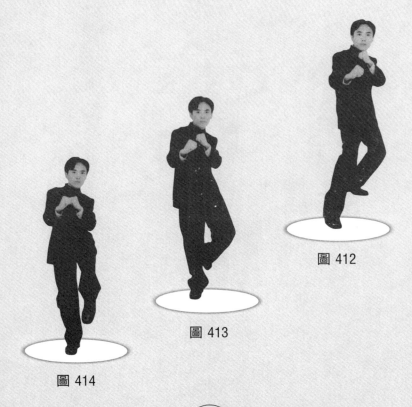

圖 412

圖 413

圖 414

　　頂膝的用勁之道以膝蓋為著力部位，向前、向上、斜上頂刺對手，力達膝尖，動作短促快速。

　　頂膝的攻擊目標為頭部、腰部、腹部和襠部，以及搏擊中在有利情況下對其他身體部位的攻擊。

　　膝法的運用的要求比較高，用勁和對目標的判斷都不容易把握，應經過反覆磨練和實踐，才能形成自然本能的動作。

　　頂膝一般用於近身糾纏中，實戰中需要掌握控制對手，促使膝擊奏效。

　　運用膝法攻擊，要使自己的身體靈活，並學會控制自己的情緒，以適應搏擊需要。

　　要克服體能的極限，持續不斷地發揮動作的最大效果。即使身心已極度疲憊，也要有必勝的決心，全力應戰，最終達到目的。

　　全身心投入格鬥中，將平時的訓練潛力全部發揮出來，使格鬥達到忘我境界。

　　膝法運用的原則要求：

- 隨時保持防守技法的充分運用，做好自我防護；
- 無論向哪個方向運動，均應靈活地移動；
- 控制重心以保持平衡；
- 身體姿勢應便於閃躲，避開對手攻勢。

【要領】

- 掌握正確的頂膝動作步驟；
- 避免因緊張而影響膝技發揮；
- 適度放鬆，力求順暢地完成動作；

● 體會膝擊時腳、腿與腰、髖的協調配合效果；

● 姿勢正確，動作幅度小，以節省體力；

● 一旦出現姿勢錯誤，可能會出現不必要的動作與肌肉的收縮反應；

● 精神放鬆，發揮體能的最大限度；

● 平衡控制要嚴格，否則將會因此而失去攻擊效力；

● 動作簡練、直接；

● 學會在靜止狀態下或移位中出招。

【訓練方法】

1.膝法練習

練習必須以動作技術的正確為目的，其次是提高膝技的速度與力量。

重複練習膝技空腿動作，接著在移動中練習出腿頂膝動作。

左右腿交替練習。

請教練員予以指導，或由伙伴幫助，避免出現技術錯誤。

頂膝的發力是在做此動作前放鬆髖關節，擴大髖關節的活動量，以便於氣血下行貫通，身體姿勢開中有合、合中有開，似開非開、似合非合。運用膝技出腿的同時，臀部肌肉相交，以達勁氣合一，穩固支撐腿，達到合髖斂氣聚勁而迅速出膝。

膝招與撞膝相似。攻擊目標時膝蓋扣實，增加攻擊勁力。

2.器械練習

　　沙袋　由警戒樁式出膝頂擊沙袋練習。磨練膝部關節的肌腱、筋骨的堅韌與彈性，使膝部在長期訓練頂撞沙袋中變得堅硬，增強了攻擊中出膝的硬度和勁力（圖415～圖417）。

圖 415

圖 416

圖 417

　　採用膝法攻擊，由於膝擊勁力較強，經過訓練，使攻擊力顯得更為強大。訓練時，要經常鍛鍊肌肉、筋骨，使之更為硬朗，應循序漸進。開始練習用力不要過猛，逐漸增加訓練強度，使膝、腿逐步得到適應。

　　進行膝法擊撞沙袋或空腿訓練後，可以做些簡單、運動量柔和的放鬆活動，恢復疲勞。

【實戰運用】

　　由警戒樁式起做頂膝動作。對手以左腳在前，並以前手攻擊我方面部。我方搖晃頭部，閃過對手的直拳，並移步接近對手，屈肘阻擋對手的攻擊手臂，同時，前腳提起，快速頂刺對手襠部（圖418～圖421）。

圖 418

圖 419

圖 420

圖 421

　　由警戒椿式起做頂膝動作。對手以右腳在前，勾踢我方腹部。我方移步，後腳提起格擋對手腳踢，後腳落地收回，前腳在對手欲收回攻擊腿的同時，迅速膝頂對手腹部（圖 422～圖 425）。

圖 422

圖 423

246

圖 424　　　　　　　　　　　　　圖 425

　　由警戒樁式起做頂膝動作。對手以左腳在前時，我方前手由拳化掌，攻擊對手面部。對手前手迅速上抬，屈肘格擋防護。我方收手，快速貼近對手，擒住對手頭、頸，緊接著後腿提膝，猛然頂刺對手腹部（圖 426～圖429）。

圖 426

圖 427

圖 428

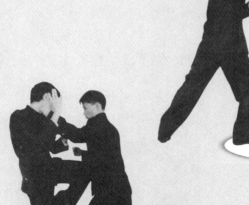

圖 429

由警戒椿式起做頂膝動作。對手以右腳在前，並迅速撲向我方，企圖靠近以膝攻擊。我方沉著移步，前踢對手膝攻的腿。對手欲收腳停止攻擊，我方前腳快速上提，頂刺對手胸、面部（圖430～圖433）。

圖 430

圖 431

圖 432

圖 433

由警戒樁式起做頂膝動作。對手以左腳在前進行前踢攻擊。我方移位於對手身體一側，後腿隨降低身姿，猛然掃擊對手支撐腿。在對手被擊倒後，我方迅速上前，以前腳膝部猛頂對手腹部或胸部（圖 434～圖 436）。

圖 434

圖 435

圖 436

第三節　腳踢假動作

　　腳踢技法的假動作的運用，是用來提高腳、腿攻擊的效果。假動作常運用視線、身體移位、手或腳等的動作，藉以欺騙對手，引誘對手做出多餘的防禦動作和準備不足的攻擊，然後乘隙找出對手破綻，予以攻擊。

　　運用假動作製造的空隙僅是一瞬間的，如果打算利用此短暫時機，必須具備快速反應的能力。快速的反應能力要經過反覆訓練才能獲得，才能深入體驗各種虛招的運用情況。

腳踢法假動作運用

　　由警戒樁式起做假動作。對手以左腳在前，並以遠距離站立姿勢。我方揚起前手分散對手注意力，迫使對手抬臂進行防護，我方佯攻誘使對手暴露身體中段防護漏洞，並快速上步以縮短對手與己的距離。當再前移一步靠近對手時，已向對手身體左側發起了攻擊（圖 437～圖 440）。

　　由警戒樁式起做假動作佯攻。對手以右腳在前時，我方稍落身體重心，前腳假做向對手前手下段側踢，誘引對手防護前手下落保護身體。當對手被假動作欺騙而上當後，我方突然由假動作踢擊再次提腳，一記高位勾踢攻擊對手頭部。

圖 437

圖 438

圖 439

圖 440